MANUAL DE SOBREVIVÊNCIA PARA O MUNDO CORPORATIVO

MANUAL DE SOBREVIVÊNCIA PARA O MUNDO CORPORATIVO

JOANA GAROUPA

UM GUIA ESSENCIAL PARA TODOS QUE SE AVENTURAM NA VIDA CORPORATIVA

PRIMAVERA
EDITORIAL

SUMÁRIO

Prefácio 7

Introdução 11

CAPÍTULO 1. Sucesso é sentir que se chega onde sonhamos – seja lá onde isso for 15

CAPÍTULO 2. Falhar, falhar, falhar – o valor do erro 27

CAPÍTULO 3. Ganhar asas e voar 43

CAPÍTULO 4. Gerir pessoas dá muito trabalho 69

CAPÍTULO 5. O mundo nos dá o mundo 101

CAPÍTULO 6. Somos melhores junto aos melhores 123

CAPÍTULO 7. Quem somos (sem sermos nossos cargos) 137

CAPÍTULO 8. Nunca é a hora certa 147

CAPÍTULO 9. Se não estabelecermos os nossos objetivos, os outros assim farão por nós 161

CAPÍTULO 10. A importância de sermos nós mesmos 181

CAPÍTULO 11. Não tenha medo de sair da zona de conforto 201

CAPÍTULO 12. Me dê o que eu preciso e darei o que você precisa 215

CAPÍTULO 13. A vida é uma roda-viva 261

CAPÍTULO 14. A sua marca 269

Conclusão 281

PREFÁCIO

O livro que você tem em mãos pode, em um primeiro momento, parecer um texto elementar, mas à medida que se vai lendo e refletindo sobre as verdades apresentadas, sempre ilustradas com casos e situações vividas pela autora, começamos a perceber a profundidade e o alcance desta obra.

Também as sugestões de Joana Garoupa parecem óbvias, mas, se pararmos para pensar, vemos que diversos pontos nem sempre são óbvios para a maioria das pessoas; precisam ser repetidos e demonstrados na prática muitas vezes para que possam servir de aprendizado e orientação a todos que precisam "sobreviver" no mundo corporativo.

Este é um texto para novatos no complexo sistema social das organizações, mas também para veteranos que já passaram por situações semelhantes às aqui descritas.

Por um lado, os novatos seguramente terão suas dúvidas se as sugestões apresentadas serão realmente eficazes e se deveriam seguir este manual. Por toda minha vivência no mundo empresarial, eu diria que sim. Se você tem incertezas, teste, experimente e tire suas próprias conclusões. Mas não se esqueça de que essa é a forma mais eficaz de se aprender. Este livro pode fazê-lo poupar muito tempo, avançar algumas casas e ser mais produtivo, eficiente e eficaz mais rapidamente. Os veteranos, por outro lado, seguramente se identificarão com muitas situações e poderão refletir sobre seus acertos e erros. E até mesmo fazer um balanço de sua carreira, seja ela ou curta, preocupando-se em se adaptar e corrigir comportamentos e atitudes – essa é uma outra forma eficaz de aprendizado. Ou seja, este é um livro de leitura fácil, rápida, porém concentrada e cheia de verdades e sabedoria.

Confesso que vivi várias das situações descritas e sei quão difícil é sobreviver no universo corporativo e como fica ainda mais difícil quando entramos no campo da liderança e da gestão de pessoas.

Fique bem atento nos momentos em que se fala, em confiança, em respeito pelas pessoas – por mais tecnológico que esteja o mundo, são as pessoas que fazem a diferença. Para o bem, para o melhor e, muitas vezes, também para o pior.

Neste momento, em que estamos dando os primeiros passos na constituição do Ecossistema Great People, o *Manual de Sobrevivência para o Mundo Corporativo*, de Joana Garoupa, se encaixa perfeitamente no que queremos estimular: cuidar de pessoas para que elas cuidem do negócio. Este manual nos entrega, de maneira muito prática, ferramentas para agir em um mundo organizacional complexo que nos é apresentado em nosso cotidiano.

Concluindo, leia, releia e aproveite os ensinamentos demonstrados. Vão fazer diferença em sua carreira e em sua vida!

– José Tolovi Jr., cofounder do Great People e presidente do Conselho do Great Place to Work® Brasil

INTRODUÇÃO

É 2003. São 8h45 da manhã. Primeiro dia de trabalho, e estou passando pelas portas giratórias automáticas para entrar na empresa, sinto o meu coração aos pulos; a respiração, acelerada; e um desconforto, causado (também) pelos sapatos novos que comprei. Olho para aquela imensidão de gente: mulheres e homens, vestidos de modo, digamos, tradicional; entram e saem do edifício com um ar muito ocupado, talvez até atrasado. Sinto-me um pouco decepcionada. Achei que tinha chegado cedo, mas, pelo visto, não o bastante para impressionar. A recepcionista me olha com um ar desconfiado. As placas que ali existem também não ajudam, cheias de siglas que não entendo e que me deixam confusa. *Onde eu fui me meter?*

Pulamos para 2021. São 18h40. Último dia de trabalho, e estou deixando outra empresa passando pelas portas giratórias automáticas. Sinto a respiração acelerada e um sentimento de novo começo.

ONDE É QUE VOU ME METER?

Foi esse o início da minha vida corporativa. Eu, que vinha do mundo publicitário, por costume mais informal, caí em um universo completamente diferente, cheio de labirintos, códigos e políticas que têm de ser apreendidas para, mais tarde, poderem ser geridas.

Em mais de 20 anos de experiência, encantei-me pela área da Comunicação, gerindo o setor de Relações Públicas de grandes marcas; apaixonei-me pela Publicidade pura, trabalhando em várias agências; tive um namoro muito longo com a Comunicação Institucional e Corporativa; vários flertes com a área de Recursos Humanos; e acabei me "casando" com o Marketing. Ao longo da minha carreira, cheguei a algumas conclusões que me parecem úteis para quem caminha por essas mesmas estradas. Muitas das minhas experiências serão, com certeza, comuns para quem segue essas rotas, mas tenho certeza de que serão proveitosas para quem se interessa pela área de Gestão.

A minha ideia é que, ao ler este livro, você possa rever e refletir sobre os seus próprios comportamentos. Pretendo que a minha história mostre que, na vida profissional, há experiências que não se podem ser evitadas, algumas delas boas, outras nem tanto; o fundamental, ainda assim, é aprendermos com *todas* elas.

A área da Gestão, como tudo na nossa vida, é relacional, ou seja, aprendemos muito com as experiências, mesmo as infelizes. Em vez de fingir que não aconteceram, é muito mais vantajoso transformar os erros em oportunidades de crescimento e de aprendizagem. Como se verá, ao longo deste livro falo abertamente do assunto – tanto dos erros e desvios profissionais como dos pessoais –, pois considero que tudo o que vivi, as opções que fiz, os sucessos e insucessos, contribuíram para eu estar onde estou e ser quem sou.

Não é, contudo, minha intenção substituir nenhum especialista dessas matérias. Como diz a minha bio do Twitter: *views are my own*. Neste caso, estas páginas são só e apenas os meus pensamentos, e foi por isso que escrevi este livro: para compartilhar as histórias que foram moldando a minha vida.

Se conseguir ajudar quem me lê a encontrar energia positiva para navegar mais facilmente pelo mundo corporativo, melhor. O objetivo estará, positivamente, cumprido.

Joana Garoupa
Lisboa, 2021

CAPÍTULO 1

SUCESSO É SENTIR QUE SE CHEGA AONDE SONHAMOS — SEJA LÁ ONDE ISSO FOR

Vivemos em uma sociedade na qual se tenta impor um modelo único de sucesso; a verdade, no entanto, é que o significado de "bem-sucedido" tem diversas interpretações, variando muito de pessoa para pessoa e de idade para idade, tornando impossível encontrar uma definição de sucesso que seja universal.

Quando terminei o curso superior de Comunicação Empresarial, era indiscutível para mim que o sucesso se ligava exclusivamente à carreira, que a fonte de minha realização, tanto pessoal como profissional, seria o meu trabalho. Ainda não tinha terminado a licenciatura de Comunicação Empresarial, no Instituto Superior de Comunicação Empresarial (Iscem), e já estagiava em uma Agência de Comunicação – a Emirec. A oportunidade de trabalhar com marcas e profissionais tão reputados e experientes (a agência era gerida na época por João Tocha e Pedro Dionísio, ambos brilhantes estrategistas e especialistas em Comunicação) me fazia sentir que eu já estava na corrida para a construção da minha carreira, e tudo o que eu precisava e queria era ganhar embalo para ir crescendo e evoluindo profissionalmente.

Só bem mais tarde compreendi que a minha visão de sucesso não era necessariamente igual à de outras pessoas. Em algum momento nesse meu percurso, fui a uma conferência sobre sustentabilidade, no Centro de Congressos do Estoril, e as palavras de uma das oradoras nunca mais me saíram da memória: a então administradora do Hospital da Luz afirmou que o que a fazia sentir-se de fato bem-sucedida era chegar em casa e poder jantar com a família, ter um tempo para estar com a filha e ouvi-la contar as suas aventuras na escola – isso era o importante: sentir que fazia parte da vida de quem amava.

Até ouvir aquelas palavras, sucesso significava para mim sempre "mais" – mais dinheiro, mais poder, mais oportunidades de subir na carreira e de ser reconhecida –, mas aquele testemunho me mostrou que o sucesso tinha vários rostos: para uns, êxito em âmbito profissional; para outros, as relações pessoais e humanas já são a grande conquista.

Foi um ponto de inflexão na minha perspectiva de carreira profissional bem-sucedida perceber que a definição de sucesso que cada um tem condiciona o modo de gerir a própria vida.

SHOT DE ENERGIA
É fundamental que se tenha bem definido o que é, para si, o sucesso. De que é que depende? Está relacionado a quê? O foco está no lado pessoal, no profissional ou no equilíbrio dos dois?

É crucial saber o que nos deixa realizados, para que possamos nos orientar e caminhar nesse sentido.

QUANDO A VIDA MUDA NOSSOS PLANOS

Perto dos meus 35 anos, a minha ideia de sucesso mudou, graças ao acréscimo do parâmetro família. De repente, ser mãe tornou-se decisivo para a minha concretização pessoal, passando a ocupar muito do meu tempo "mental".

É importante que cada um construa a sua estrada pessoal para o sucesso, tendo consciência de que o destino final pode mudar. Não há nada de errado nisso, e não representa falha alguma. É um caminho que se vai percorrendo e é bom termos noção de que, ao longo dessa estrada, existem várias paradas até chegar ao destino. Essas pausas são essenciais para "sintonizar" os nossos valores e reavaliar nossos objetivos.

Ao longo dos anos, o meu ideal de sucesso se ajustou várias vezes – inicialmente, queria me tornar diretora de Marketing de uma grande empresa e ter uma família composta de vários filhos. Neste caminho, percebi que muito disso não dependia de mim, particularmente a parte de ser mãe, o que me obrigou a ajustar minha expectativa.

Aprender a lidar de maneira saudável com as contrariedades passou a ser um ingrediente essencial para o meu sucesso. Retirando a maternidade do meu "plano", abriram-se novos horizontes: por que não chegar a membra do board de uma grande empresa? E durante esse percurso, por que não escrever um livro sobre a experiência de gerir projetos em grandes empresas? E aqui estamos.

A noção de sucesso varia ao longo da nossa vida e esse processo é algo que faz parte do crescimento. É fundamental que cada um de nós se sinta em paz ao perceber que a sua perspectiva de sucesso vai se adaptando e se reajustando.

Apesar de não existir uma fórmula para o sucesso, é muito importante que, ao longo da vida, consigamos perceber o que nos move e o que nos deixa realizados, porque assim podemos caminhar nessa direção. Mesmo sem certezas, sabemos que, à medida que avançamos, vamos querendo mais, e esse mais não tem de ser, necessariamente, mais dinheiro ou mais poder, e sim coisas diferentes do previsto.

As competências que vamos adquirindo, a experiência que vamos acumulando, as pessoas com quem vamos cruzando, os desafios da vida pessoal, tudo isso vai mexer no ideal de sucesso. Não se preocupe. Quanto mais fluido, melhor.

No fundo, todos podemos ser bem-sucedidos se formos fiéis a nós mesmos.

SHOT DE ENERGIA

É importante refletir sobre os objetivos que pretendemos atingir para proceder em conformidade. O sistema GROW é um dos modelos que ajudam nessa reflexão. De acordo com esse sistema, devemos equacionar quatro fases para atingir os nossos objetivos:

- **GOAL** – Definir o objetivo
- **REALITY** – Explorar o contexto presente
- **OPTIONS** – Analisar as possibilidades
- **WAY FORWARD** – Fazer acontecer

COMO GERIR AS VÁRIAS DEFINIÇÕES DE SUCESSO EM UMA EQUIPE

Em uma empresa, é fundamental que se tenha em perspectiva os milhares de definições de sucesso que coexistem. Respeitar essa diversidade, enquanto nos asseguramos de que existem elementos unificadores entre equipes, garante que as relações humanas sejam positivamente geridas. Apesar de cada elemento ter um ideal próprio de sucesso, é preciso que haja um objetivo comum a todos.

Agora muito em voga, a ideia de propósito é essencial para a gestão deste tema. Acima dos ideais de sucesso de cada um, equipes/áreas/empresas devem ter um propósito, um forte e claro sentido de missão, uma razão de existência que funcione como fio condutor e que una as diferentes visões em torno de um objetivo comum.

Trabalhar com um propósito é cada vez mais valorizado. Empresas como a Body Shop, *Enrich not exploit*[1], a Nike, focada em expandir o potencial humano, ou a Patagonia, com o seu ativismo ambiental, são bons exemplos de gestão que combina os propósitos da marca com os de quem participa nessa jornada, sendo esses valores parte integrante da sua cultura de valor – e quanto mais esse propósito se cruzar com o ideal de sucesso dos seus colaboradores, melhor e mais coeso é esse "casamento".

---

1 *Enriquecer, não explorar*, em tradução livre. [N.E.]

SHOT DE ENERGIA

1. Escolha o tema/causa certa
Identifique o tema que deseja que a sua equipe trabalhe e no qual se destaque pela excelência. Ele tem de estar bem alinhado com os valores da empresa e ser possível de atingir.

2. Comece internamente
Inspire o time a fazer parte do processo. Se é para ser vivido por todos, então faça perguntas, discuta.

3. Seja autêntico
Independentemente do processo, seja genuíno. As pessoas percebem quando algo não é real. Comprometa-se em longo prazo.

4. Não conte uma história, seja a história
Depois de identificado o propósito, assegure-se de que todos o vivem no seu dia a dia, nos pequenos detalhes, na vivência diária. Se isso acontecer (e só quando isso acontecer), será "comprado" por todos.

5. Tome uma posição
Não é possível agradar a todos ao mesmo tempo. Foque o propósito num só tema, uma única causa, uma mensagem, um caminho.

6. As pessoas fazem a diferença
Deixe de pensar na equipe como "executores" de um plano. Caso se abra de maneira genuína, existe uma boa probabilidade de que cada membro do time se ligue de forma pessoal ao propósito comum — vivendo-o, de fato.

O objetivo final da equipe tem de ser único, independentemente de cada elemento do time ter motivações distintas para alcançá-lo. Quem está à frente das operações terá de garantir que todos saibam qual destino comum é esse e que todos compartilhem da mesma vontade de sucesso.

"O sucesso vai se conquistando e, quando sabemos o que queremos, é difícil errar no caminho."

CAPÍTULO 2
FALHAR, FALHAR, FALHAR – O VALOR DO ERRO

Não tenho dúvidas de que o sucesso vai se construindo à medida que se vai errando, e me parece crucial falar desses momentos que me marcaram e que me ajudaram a não cometer o mesmo erro duas vezes.

Quando erramos e assumimos o erro, perante nós mesmos em primeiro lugar, e depois perante o nosso chefe, o nosso cliente ou os nossos colegas, crescemos e aprendemos que há sempre uma maneira de resolver o assunto, mesmo que assim não pareça num primeiro momento.

Vamos recuar aos meus tempos de novata. Apesar de estar no início da minha carreira e de ter começado a trabalhar há muito pouco tempo na Emirec, sentia que tinha liberdade e espaço para tomar a iniciativa, algo que, vejo hoje claramente, foi de extrema importância na minha formação profissional.

Um dos clientes da agência de comunicação, a Edifer, tinha uma campanha em curso chamada "Andorinha Construtora" (com o objetivo de colocar 5.500 ninhos de andorinhas e andorinhões em 24 bairros, por todo o país), para a qual criamos uma ação que se baseava em uma espécie de brincadeira na rádio. A campanha estava pronta, e as gravações, terminadas; foi quando me contataram, da rádio, para dizer que estavam prestes a começar a brincadeira – ao vivo –, mas que faltava o número de telefone para o qual as pessoas tinham que ligar para concorrer. Telefonei para a coordenadora da minha equipe, para o cliente e para alguns colegas, mas ninguém me atendia. Da rádio, me pressionavam para lhes dar um número nos próximos minutos ou teriam de adiar a brincadeira. Decidi avançar com o número que sabia de cor: o da casa dos meus pais. E a ação começou. Avisei a minha mãe (que não entendeu o que estava acontecendo) e, em menos de vinte minutos, já tinha atendido quinze chamadas. Após várias tentativas, consegui finalmente falar com a equipe e desbloquear um número oficial, libertando a minha mãe – mas não evitando uma bronca justa.

A coordenadora ficou indignada com o amadorismo da minha ação; no entanto, deu-me os parabéns por ter tomado a iniciativa e resolvido a questão, porque, bem ou mal, tinha garantido que a brincadeira fosse para o ar. Pediu-me encarecidamente, contudo, que não voltasse a tomar atitudes parecidas.

Decidi encarar a situação e a conversa como algo positivo, centrando a minha atenção no louvor por ter saído daquela emboscada e encontrado uma solução viável em tempo útil.

Até hoje, prefiro pedir desculpa por ter feito do que deixar por fazer.

SHOT DE ENERGIA

Percebi, anos mais tarde, que o meu lado determinado e proativo está muito relacionado com o meu estilo de liderança, quando, numa avaliação de perfil de competências, o fator que mais se destacou foi precisamente *Liderar e decidir*.

Compartilho a seguir um quadro para avaliação do perfil de competências. Preenchê-lo é um exercício muito útil e interessante, pois permite aferir que áreas dominamos e aquelas que temos de trabalhar.

Competência	1	2	3	4	5	Importante para o seu sucesso? (assinale)
1. Liderar e decidir						
1.1 Decidir e iniciar a ação						
1.2 Liderar e supervisionar						
2. Apoiar e cooperar						
2.1 Trabalhar com pessoas						
2.2 Aderir a princípios e valores						
3. Interagir e apresentar						
3.1 Relacionar-se e trabalhar em rede						
3.2 Persuadir e influenciar						
3.3 Apresentar e comunicar informação						
4. Analisar e interpretar						
4.1 Escrever e redigir relatório						

4.2 Aplicar conhecimentos especializados e utilizar a tecnologia						
4.3 Analisar documentos e relatórios						
5. Criar e conceitualizar						
5.1 Aprender e investigar						
5.2 Criar e inovar						
5.3 Formular estratégias e conceitos						
6. Organizar e executar						
6.1 Planejar e organizar						
6.2 Apresentar resultados e corresponder às expectativas dos clientes						
6.3 Cumprir instruções e procedimentos						
7. Adaptar-se e tolerar						
7.1 Adaptar-se e responder à mudança						
7.2 Lidar com a pressão e as contrariedades						
8. Empreender e realizar						
8.1 Alcançar objetivos profissionais						
8.2 Ser empreendedor(a) e ter orientação comercial						

UMAS VEZES DÁ CERTO, OUTRAS NÃO

Uma outra situação constrangedora ocorreu durante um projeto desenvolvido para a Alfa Romeo. Em 1995, Pedro Couceiro era piloto de testes para a marca, no campeonato DTM que ocorria no autódromo do Estoril, e uma das iniciativas de Relações Públicas envolvia a distribuição de alguns postais autografados com o rosto do piloto. Toda a organização do evento era exemplar (base alemã) e, ao chegar ao autódromo, fiquei seduzida pelo ambiente ali instaurado. O barulho dos carros, o público vibrando, a sala de imprensa cheia de jornalistas de todo o mundo. Embora a minha função fosse apenas distribuir os postais de Pedro Couceiro, sentia-me parte daquele megaevento. Em determinado momento, convidaram-me para ir ver a corrida do padoque. Não podendo recusar, guardei os caixotes com os postais num caminhão de assistência da equipe Alfa Romeo, com o objetivo de, posteriormente, distribuí-los pelo recinto e pela sala de imprensa. Com o barulho das luzes, nunca mais me lembrei de tê-los guardado lá e, quando me caiu a ficha, o caminhão já tinha regressado à Alemanha.

Resultado: não houve distribuição dos postais no evento! Quando me toquei do que tinha acontecido, fiquei completamente em pânico. A situação se tornou ainda pior quando recebi um telefonema do cliente pedindo as sobras, para serem utilizadas num outro evento. Foi uma daquelas noites maldormidas. No dia seguinte, falei com o meu chefe, contei-lhe o que tinha acontecido, assumi a culpa e ofereci-me para pagar os postais com o meu salário.

Não precisei pagar, mas tive de contar pessoalmente ao cliente e reconhecer a minha falha.

Nunca mais me esqueci desse momento e, desde esse dia, tenho **listas de tarefas** – inicialmente, em papel; agora, em programas mais sofisticados – para garantir que tudo o que está estipulado em um projeto aconteça como previsto.

Quando algo não corre bem é preciso perceber qual foi a falha, assumir o erro e seguir em frente com mais um aprendizado na bagagem.

SHOT DE ENERGIA
Como é que você se organiza? Seja qual for o método, é determinante garantir que as tarefas mais importantes estejam listadas, e as prioridades, definidas.

Um outro infortúnio, também dos meus tempos "verdes", foi com a Câmara de Comércio Luso-Sueca (CCLS), o meu primeiro cliente na Emirec e, portanto, alvo de toda a minha devoção e dedicação. A minha principal função era gerar notícias nos jornais sobre as suas atividades e programas; o problema era que eu tinha sempre muita dificuldade em atrair a atenção dos jornalistas para os seus temas.

Certo dia, informaram-me que o próximo almoço mensal dos membros da CCLS iria acontecer num dos hotéis mais prestigiados de Lisboa, contando com a presença de João Salgueiro, conhecido economista e político, à época apontado como possível futuro Ministro das Finanças. Senti-me como se tivesse ganhado na loteria e, como habitualmente fazia, informei as redações dos meios de comunicação acerca do almoço (no qual nunca nenhum jornalista aparecera), sublinhando a presença do político. Adicionalmente, estendi o convite de almoço a um repórter do jornal *Expresso*[2], que teria o acesso exclusivo à discussão da CCLS. Quando cheguei ao hotel, deparei-me com um grande alvoroço – carrinhos e câmeras – e percebi que o local estava apinhado de jornalistas. Como não tinha avisado ninguém da equipe, foram todos apanhados de surpresa: os responsáveis do hotel estavam em pânico, os membros da CCLS trancaram-se numa sala e os jornalistas estavam indignados por terem sido convocados para *nada*. Resumindo, João Salgueiro teve de fazer uma pequena declaração, e eu, que assinei a comunicação à imprensa, precisei admitir o lapso e mandar todos embora. No meio da confusão, nem vi quem era o jornalista do *Expresso*.

Fui altamente repreendida pelo meu chefe e percebi que são poucas as decisões que podemos tomar sozinhos.

---

2 O *Expresso* é um jornal português de periodicidade semanal publicado aos sábados desde 1973. [N.E.]

É bom ser proativo e tomar a iniciativa, mas, ao agir assim, é essencial que não nos esqueçamos de envolver os outros no processo, pedindo a opinião, explicitando qual o plano e incluindo as partes interessadas. Nada se faz sozinho.

Mas, felizmente, há situações que correm bem e que nos ficam na memória pelo lado positivo. Tenho, até hoje, muito orgulho de um projeto que desenvolvemos na Galp, em 2017, ano que, se bem se recordam, ficou marcado pelo incêndio mortífero que aconteceu em Pedrógão Grande – uma tragédia sem precedentes em Portugal.

O movimento www.terradeesperanca.pt, voluntariado para reflorestar o país com meio milhão de árvores cedidas pela Galp, foi montado em dois meses. A rapidez era o elemento fulcral para que o projeto fosse valorizado e diferenciado. Para tal, mobilizei a equipe inteira, que tratou de efetivar todas as fases do projeto – falar com parceiros do terreno, envolver fornecedores e orçamentistas, desenvolver a proposta para aprovação do CEO, fazer o *briefing* para a agência e desenvolver a campanha de lançamento, criar site e o plano de comunicação, desafiar clientes e fornecedores para a maior ação de voluntariado já vista (plantou-se o maior número de árvores, em 23 de novembro de 2017). Todos os elementos da Direção de Marketing e Comunicação, sem exceção, desde o estagiário aos gestores, foram envolvidos, não esquecendo que esse projeto era complementar às responsabilidades normais de cada um. Foi simplesmente incrível o que se entregou. Lembro-me, até hoje, dos rostos surpreendidos quando mostrei na TV o *clipping* da ação de lançamento na reunião da Comissão Executiva. Não estava lá para discutir a ideia, mas para mostrar o resultado. Apesar dos riscos, correu tudo muito bem.

MAIS AUTONOMIA, MAIOR RESPONSABILIDADE

Tive a sorte de trabalhar em empresas que me deram espaço para fazer, falhar e, assim, crescer. Sinto que ter essa liberdade de ação me foi fundamental, uma vez que podia aplicar a minha criatividade aos processos em que estava envolvida e, simultaneamente, fazer e falhar ensinou-me muito. Aliás, é algo que assumo sem problemas: os erros que cometi ao longo da minha carreira também me ajudaram a estar onde estou hoje; deram-me a confiança para ir ganhando mais e melhor autonomia.

Por autonomia, refiro-me à segurança e ao conhecimento prévio necessários para que possamos tomar a iniciativa nos momentos certos, tendo sempre como base o modo como a organização utiliza esses mesmos conhecimentos e quais são os valores por quais se guia. Lembre-se de que, ao ter/dar autonomia, se está tendo/dando também mais responsabilidade. Afinal, se chegamos a um ponto em que somos capazes de tomar decisões, também deveremos ser responsáveis pelas consequências das nossas ações.

Essa liberdade – esse voto de confiança – que uma empresa dá a um colaborador ou equipe é um dos maiores impulsos para que se contribua mais, para que se faça melhor e se explorem novas metodologias de trabalho: é algo que nos oferece uma sensação de importância. E o oposto, por outro lado, é também verdadeiro: se formos demasiadamente controlados, não nos sentiremos convidados a contribuir; não há qualquer sentimento de recompensa quando fazemos algo apenas por fazer.

SHOT DE ENERGIA
Como garantir uma cultura de aprendizagem e autonomia, tanto para você como para a sua equipe? Compartilho algumas sugestões:
1. Confiar em si e nos membros da sua equipe;
2. Estar à vontade com a equipe, abordando diretamente os conflitos e procurando resoluções dentro do próprio grupo;
3. Sentir-se disponível e confiante para experimentar novas soluções;
4. Observar atentamente o que está sendo feito e saber intervir quando identificar uma má decisão.

Ao contrário do que se possa pensar, não é necessário começar a delegar todas as tarefas para incentivar uma cultura de aprendizagem. Na verdade, no início do processo, o que se pretende é a autogestão, ou seja, que cada elemento consiga, dentro dos seus limites, tomar determinadas decisões. Por mais tentador que seja controlar tudo, não dar espaço de manobra para que aconteçam falhas é garantia de ter pessoas desmotivadas, pouco criativas e sem iniciativa.

Se quem gere uma equipe não permite que os outros façam, que sejam proativos e tenham iniciativa, então não se cria espaço para que as pessoas cresçam e evoluam.

Um ponto importante: ao cometer o mesmo erro duas vezes, o caso muda de figura, porque quer dizer que não se aprendeu, que não se usou o erro para crescer e evoluir. Errar uma vez acontece com todos. Repetir o erro é uma escolha.

> "Sem falhar, ninguém cresce. Não tenha medo de experimentar. Às vezes, corre bem; outras vezes, corre mal. É essencial aprender com os erros, assumi-los e não ter medo de seguir em frente."

CAPÍTULO 3
GANHAR ASAS E VOAR

As empresas começaram a perceber a importância da diversidade da força laboral. A homogeneidade não é uma vantagem; é ótimo misturar competências, experiências e pessoas de setores diferentes, de modo a criar uma visão mais abrangente.

É importante que os gestores não tenham medo da diferença e que arrisquem contratar pessoas que pensam de forma distinta: profissionais estrangeiros que tragam uma nova visão do trabalho e do mundo, pessoas que venham de universidades distintas e de formações que se complementem, pessoas que tenham um perfil diferente do que a empresa está habituada... A diversidade oxigena as mentalidades, incentiva a inovação e ajuda a crescer.

A minha experiência de criar o departamento de Marketing e Comunicação da Galp, em 2017, me trouxe a oportunidade de aplicar essa ideia da diversidade. Na realidade, a equipe que se criou pautou-se pela diferença dentro do contexto da empresa na época (em nacionalidades, perfis, atitude, visão) e isso refletiu-se no "frescor" que trouxemos para a marca, com ideias novas (envolver a Galp com o Rock in Rio, em Portugal e no Brasil, lançar uma marca nova para a mobilidade elétrica, em Portugal e na Espanha, desenvolver um aplicativo com notícias da empresa, para ser usado pelos colaboradores nos onze países onde opera, desenvolver as redes sociais da empresa etc.). Estamos falando aqui de uma equipe composta de profissionais com diferentes nacionalidades, com idades desde os 20 aos 60 anos, uma diversidade de gênero bastante equilibrada com passados e vivências muito diferentes que, enquanto existiu, conseguiu vingar pela diferença.

Quando entrei na Siemens, constatei a importância desse assunto. Em 2008, a diversidade ainda não era muito discutida em Portugal; já a Siemens, por estar no centro da Europa e ser uma multinacional, trabalhava esse tema, nomeando um CDO (*Chief Diversity Officer*). Os assuntos gênero, idade e cor de pele faziam parte da agenda política da empresa. A CDO nomeada era uma ex-CFO (*Chief Financial Officer*) de uma unidade de negócio – para se notar a importância que foi dada à questão, o que mostra que não eram meros floreados bonitos de se debater. Foi efetivamente um exercício de gestão sobre um tema que tinha despertado a atenção da administração. O fato de a comissão executiva da empresa ser totalmente composta de homens, brancos e ocidentais, com mais de 50 anos, despertou a consciência de que não seriam representativos da multinacional, presente em 190 países, com mais de 360 mil colaboradores de todo o mundo.

A forma direta com que abordaram o tema e a consistência do programa, algo inusitado num contexto empresarial tão estabelecido, pegou a muitos de surpresa, de modo positivo. Sinal disso foram os investidores, que também abraçaram a ideia sem medo e, com isso, fizeram com que o valor das ações da empresa aumentasse.

DIVERSIDADE DE GÊNERO

Racional e objetivamente, a diversidade de gênero já não devia ser um problema nos dias de hoje. Na generalidade dos países europeus, existem mais mulheres do que homens; os homens em Portugal são menos escolarizados do que as mulheres, com uma proporção inferior de graduados (50% de mulheres *versus* 36% de homens, em 2021, no conjunto das faixas etárias), e a proporção de estudantes masculinos no ensino superior tem sido sistematicamente inferior (em 1978, representavam 58% da população universitária; em 2015, apenas 46%); e entre 2000 e 2015, os homens representaram consistentemente pouco mais de um terço dos novos diplomados do ensino superior.

No entanto, o tema persiste em não evoluir. Como tão bem é analisado em *Livro branco: homens e igualdade de género em Portugal*, trata-se de um problema social complexo que, com realismo, só poderá ser ultrapassado com uma mudança geracional, visto estar enraizado num sistema cultural, de crenças e estereótipos; além de que o movimento de mudança é "recente" (até 1974, o acesso a diversas carreiras era vedado a mulheres).

ESTUDO DO CASO DA DIVERSIDADE DE GÊNERO

Numa certa conferência da European Professional Women Network (EPWN), ouvi o presidente do conselho de administração executiva de um grande banco português dizer que se, em média, 60% dos graduados são mulheres, Portugal tem um problema econômico em mãos: o país está investindo nas pessoas erradas, uma vez que não são essas as que estão em cargos de liderança no mercado de trabalho. Dizia que era necessário aproveitar esse investimento educacional e colocar as mulheres em postos que pudessem exercer as funções para as quais se formaram. Na ocasião, essa análise pareceu me fazer todo o sentido – o problema é que continua fazendo.

O fato é que o investimento financeiro das famílias na educação dos filhos dos sexos feminino e masculino é o mesmo, e, quando as famílias optam pelo ensino público, o Estado investe o mesmo "dinheiro público" (os impostos) para a educação de estudantes de ambos os sexos; de igual modo, as próprias empresas reservam amplos recursos na formação dos seus quadros, não discriminando negativamente os quadros femininos. No entanto, uma barreira invisível faz com que uma grande parte do investimento colocado na qualificação das mulheres – pelas famílias, pelo Estado, pelas empresas – seja drenado, impedindo que elas, tão aptas e qualificadas quanto os seus pares do sexo oposto, cheguem ao topo das organizações.

O problema é agravado pelo abandono precoce da carreira por mulheres que poderiam ter percursos profissionais promissores e em cuja qualificação foi feito um grande investimento; além disso, muito desse abandono, ou mesmo um afrouxamento, ocorre em idades que, regra geral, são as de maior crescimento profissional. Nas atuais circunstâncias, ao invés de se aproveitar toda a possibilidade de talento disponível, ocorre uma drenagem desse mesmo talento, deixando de estar à disposição das organizações, das empresas e da economia. O talento é um bem escasso – deve ser aproveitado, valorizado e estimulado, e não desperdiçado!

É PRECISO PREPARAÇÃO

Quando comecei a trabalhar, em 1996, reparei que as mulheres que ocupavam cargos de gestão tentavam encaixar-se em um mundo dominado por homens, anulando a sua feminilidade e vestindo-se de forma muito neutra, masculina, em tons acinzentados. Atualmente, as coisas são bem diferentes: as mulheres abraçam a diferença, não negando o seu lado feminino.

Eu sempre fui assim, e nunca pedi desculpa ou tive vergonha de ser mulher. Muito pelo contrário, tirei sempre o lado benéfico dessa diferença.

O fato de assumir o meu lado feminino não significava que não estudasse futebol antes de certas reuniões para poder ter papo com os meus colegas. Explico: em determinado momento, eu era a única mulher nas reuniões de diretoria da Siemens Portugal, e se sentia alguma insegurança por ser a mais nova e única mulher, imagine quando, nas reuniões semanais, que eram às segundas-feiras, se davam as conversas sobre os jogos de futebol do fim de semana, assunto do qual eu não entendia nada.

Na época, pedi a uma grande amiga, jornalista esportiva, para me dar umas lições – umas luzes sobre futebol, para saber minimamente o que se passava e poder, de algum modo, participar daquelas conversas de início de reunião. Tive uma espécie de minicurso, em que "aprendi" quem eram os jogadores, os clubes e quais os assuntos mais badalados. Naquele tempo, o Liedson, que era o homem do momento, jogava no Sporting; só se falava dele, e eu nunca me esqueci da enorme gafe que cometi numa dessas reuniões. No fim de semana anterior, o Liedson tinha marcado um gol emblemático. Quando cheguei à reunião, todos estavam entusiasmados, comentando o feito. Eu estava muito empenhada em entrar na conversa, mas, no último minuto, deu-me um branco, esqueci o nome do jogador e entrei no papo com: "O Leandro marcou um grande gol!". Todos olharam para mim como quem diz: *mas quem é o Leandro?!*

É claro que os meus colegas sabiam que eu não entendia nada de futebol – nem o nome do jogador conhecia –, mas o ponto positivo foi eles terem compreendido que, pelo menos, eu estava tentando fazer parte da conversa para me integrar naquelas reuniões. E isso, por si só, já foi positivo.

Felizmente, entrou mais um elemento feminino para essas reuniões; e é incrível como o fato de passarmos a ser duas logo mudou o ambiente. Uma coisa é ter uma única pessoa diferente, a *outsider*, outra bem distinta é se ter diversidade. Já não éramos eu e eles, e pude, assim, abandonar as minhas lições forçadas de futebol. Eu não queria que me reconhecessem como igual, queria que me aceitassem como parte daquele grupo.

Ser reconhecido como parte do grupo é o expoente máximo que se pode passar a uma pessoa "diferente".

SHOT DE ENERGIA

A minha imagem de marca atual é sempre usar tênis para trabalhar. Raramente uso saltos altos, nem me visto de forma conservadora; muito pelo contrário, tento ser diferente, e não apenas mais uma. Algo que sempre me distinguiu foi ser fiel a mim mesma e, à medida que fui ganhando confiança, mais fui me afirmando. E no seu caso, qual é a sua característica diferenciadora?

> Lutar pela igualdade sempre que as diferenças nos discriminem, lutar pelas diferenças sempre que a igualdade nos descaracterize.
> – Boaventura de Sousa Santos

3, 2, 1... LARGAR!

Encaro o tema da diversidade de gênero como uma corrida. Os homens começaram primeiro e as mulheres, que partiram depois, "não tiveram o privilégio de uma mesma largada justa". Não se trata de ser melhor ou pior; tem a ver com quem começou primeiro no mercado de trabalho. A discussão sobre o assunto e a imposição de medidas é a nossa forma de pedir aos homens que abrandem o ritmo, de modo que as mulheres possam ganhar terreno e conseguir acompanhá-los.

A questão das cotas

O assunto das cotas nas empresas não é consensual; no entanto, tenho reparado que, quanto mais maduras e experientes são as mulheres, mais elas reconhecem a necessidade das cotas. Em início de carreira, na casa dos 20 anos, o tema das cotas pode parecer uma afronta – as mulheres querem ser reconhecidas apenas pelo seu mérito, pelo valor do seu trabalho; mas, à medida que ganhamos maturidade e experiência, percebemos que a igualdade de oportunidades vai demorar muito tempo se não forem aplicadas medidas abonatórias.

Até a introdução de cotas, as mulheres ocupavam apenas 12,2% dos lugares nos conselhos de administração das empresas portuguesas presentes na Bolsa de Valores (apesar da melhoria após o protocolo celebrado entre o governo e muitas das empresas cotadas em 2012, a evolução foi muito lenta). Após a Lei das Cotas, Portugal aproximou-se da média europeia. Os países europeus que implementaram essa lei há mais tempo destacam-se claramente da média.

É preciso aproveitar a oportunidade que o mercado está dando e surfar na onda. Em conversas que tenho tido, noto que muitas mulheres ficam incomodadas, e compreendo o motivo – como se essas medidas as desvalorizassem, diminuíssem o seu mérito –, mas acredito que, sem essa "bengala", a igualdade no mercado de trabalho não será uma realidade para a minha geração. E não queremos perder mais tempo. Afinal de contas, já começamos tarde a corrida, agora é aproveitar o empurrão e avançar.

IGUALDADE SALARIAL

Paralelamente à questão da representatividade, para a qual almejamos melhoria com as cotas, há a temática da igualdade salarial, e neste campo há um caminho ainda mais drástico, dada a enorme diferença entre os salários dos homens e das mulheres. Existem diversas razões para esse fenômeno, e uma delas está na falta de habilidade das mulheres para negociarem as suas condições salariais. Existem exceções, mas, tendencialmente, os homens costumam negociar melhor o seu salário. Eu me enquadro na regra, e não me sinto confortável para negociar valores. Como em todos os outros aspectos da minha vida, busco aprender e melhorar, e estou, hoje em dia, muito mais à vontade do que no passado. Recordo-me de ter assumido um cargo alguns anos atrás e, pouco tempo depois, ter percebido que estava ganhando um terço do salário do meu antecessor. Na época, não pensei que isso era por eu ser mulher, mas porque tinha menos experiência do que ele e, acima de tudo, porque não tinha conseguido negociar tão bem como ele. Foi-me apresentado um valor que me pareceu justo e aceitei. Assim que soube o patamar do meu antecessor, a pergunta que me surgiu foi: o que é que tenho de fazer para chegar lá? Era possível triplicar o meu salário e isso era uma boa notícia!

LIDERANÇA NO FEMININO

Num ambiente muito formal e dominado por homens, a tendência das mulheres, até mesmo nas roupas que usam, é a de se diluírem no contexto, isto é, de se camuflarem, como militares a caminho do mato – a intenção não é destacarem-se, e sim serem aceitas e se sentirem parte; depois, à medida que ganham confiança e experiência, vão conseguindo se afirmar na sua diferença. Como já dito neste capítulo, a realidade é que os homens e as mulheres são diferentes, pensam e agem de maneiras distintas. Quando, há alguns anos, me propuseram fazer um curso de liderança feminina, confesso que achei que era completamente discriminatório. Não cheguei a fazer o curso, mas ao assistir a uma sessão de *pitch*, ou seja, uma apresentação curta de uma hora, adorei e aprendi muito sobre o meu comportamento. Gostaria de aproveitar para compartilhar aqui algumas das coisas que aprendi nessa sessão e que nunca mais esqueci.

Postura

Imagine uma sala de reuniões em que se sentam à mesa gestores – mulheres e homens. Se observarem a linguagem corporal de ambos os sexos, vão reparar que são absolutamente distintas. As mulheres ocupam o menor espaço possível, e ali ficam, muito contidas; os homens acomodam-se, ocupando todo o espaço à sua volta, inclinando-se sobre a mesa, completamente à vontade. Se queremos marcar a diferença temos de ir ocupando espaço e estarmos dispostas a representar esse papel.

Gestão de poder

Uma mulher marca uma reunião com o chefe e diz-lhe que precisa de trinta minutos para discutir três temas. O chefe responde que tudo bem, mas que só dispõe de dez minutos. Tipicamente, as mulheres vão tentar despejar tudo o que querem falar nos dez minutos de que dispõem, porque, de forma genérica, claro, querem resolver tudo de uma vez só. Todavia, o método mais produtivo, e no qual há uma gestão de poder muito mais equilibrada – um método mais ao jeito masculino, curiosamente –, é escolher um dos assuntos mais prioritários e reagendar os restantes vinte minutos de reunião para que se abordem os temas que ficaram pendentes.

Trata-se aqui também de uma luta de poder – porque há sempre lutas de poder. Quando o chefe declara que tem tempo limitado, o poder está sendo exercido por ele, mas quando a colaboradora diz que, nesse caso, falam apenas de um dos temas, sendo necessário nova reunião, o poder está na mão dela. Nas relações de trabalho, essa gestão de poder é muito importante.

Emoções

Há muitos anos, vivi uma situação que, devido à sua natureza, tem mais probabilidade de acontecer com uma mulher que com homem. Já contei essa história numa conferência, mas compartilho-a também aqui, porque acredito que inúmeras pessoas já passaram por isso, mas muitas delas sentem vergonha de falar no assunto. Ninguém quer que aconteça, mas aconteceu: chorei na frente do meu chefe. A pressão era tanta, e eu estava tão frustrada, que as lágrimas começaram a fugir dos meus olhos, o que me deixou ainda mais furiosa: chorar em frente ao CEO da Siemens não era o comportamento adequado. Não chorei por tristeza, mas pela frustração que sentia e que descontrolou as minhas emoções.

É uma situação horrível, mas o meu chefe reagiu de forma bastante madura. Quando aconteceu, pensei de imediato: *OK, como é que arrumo isso agora?* E lhe disse: "Por favor, ignore minhas lágrimas e vamos continuar", mas, em simpatia, o CEO me disse para sair, me acalmar e regressar depois.

Foi o que eu fiz.

Há quem estranhe eu tocar nesse assunto, mas estou convencida da importância de compartilhá-lo para que se aceite que nem sempre é possível conter as emoções e que uma situação de descontrole pode acontecer com qualquer pessoa.

Quando falamos abertamente, desmistificamos os assuntos e aprendemos com aquilo que foi compartilhado.

CÓDIGO SOCIAL *VS.* CORPORATIVO

Num determinado dia, ia com o CEO da empresa para uma reunião. Quando chegamos ao carro que nos levaria, o motorista abriu a porta. Sendo mulher, assumi que ele estava abrindo a porta para que eu entrasse. E entrei. Mas rapidamente notei que o motorista tinha aberto a porta para o CEO entrar e que ele estava de pé, olhando para mim. Como devem imaginar, fiquei extremamente envergonhada.

Em um contexto social, faria sentido o motorista abrir a porta para que eu entrasse; em um contexto profissional, e visto que eu não estava ali na condição de mulher, mas como profissional, subordinada do CEO, o motorista não tinha que abrir a porta para mim. Esse exemplo nos alerta para algumas situações que podem gerar dúvidas do que são os bons costumes em contexto social ou profissional. É importante uma boa dose de bom senso para gerir o assunto, mas diria que o código corporativo prevaleça. Na dúvida, sigam esse manual.

ESTAMOS TODOS ENVOLVIDOS

Não desconsiderando nenhum dos fatos apresentados neste capítulo, confesso que, fruto das inúmeras interações que tenho tido com entidades mais ou menos institucionais, noto que facilmente se cai numa lógica ou retórica voltada à ideia inescapável da mulher sem oportunidades, sem possibilidade de alcançar melhores condições, que desempenha mais tarefas que os homens e que vive unicamente como vítima de uma enorme injustiça social. Como disse, não desprezo nenhum dos fatores de desigualdade existentes, mas fico preocupada quando se reduz toda a conversa a essa narrativa. O assunto é sério e, como tal, tem de ser apresentado e conduzido com os códigos que melhor o solucionem, ou seja, com uma linguagem corporativa. A questão é, também, em última instância, econômica: graças aos obstáculos persistentes na corrida das mulheres até as posições de poder, o investimento existente na educação destas (como já se viu anteriormente, a grande fatia da população formada) acaba por perder-se. Mais do que uma fatalidade sobre os ombros das mulheres, há que se encarar o assunto com pragmatismo e vontade de, com todos os recursos que temos (e são tantos), avançar finalmente em conjunto para o futuro.

A diversidade de gênero é um tema profundo – mas não um tema exclusivo às mulheres. Apesar de ser mulher, tenho a convicção de que não devemos nos apoiar na conversa da coitadinha, nem adotar um discurso em que se assume que nada se pode fazer ou mudar, porque é assim, sempre foi, porque é o sistema etc.

É certo que existem ainda situações que estão profundamente erradas e que não temos como alterar, mas há aspectos que estão ao nosso alcance e que podem ajudar a mudar mentalidades e comportamentos.

Cada um de nós deve se perguntar o que pode fazer, culturalmente, para que a mudança que todos desejamos aconteça.

SHOT DE ENERGIA

Façam este exercício: olhem em volta na próxima festa de família, almoço de Natal ou Páscoa. Já repararam o que é que acontece quando termina a refeição? Quem é que se levanta para tirar os pratos e lavar a louça? Quem fica à mesa, conversando?

> Seja a mudança que você quer ver no mundo.
>
> – Gandhi

A mudança já está acontecendo e há cada vez mais participação masculina em todas as tarefas, mas não podemos nos esquecer de que foram décadas e décadas de um determinado comportamento e perfil. Não são só as políticas corporativas ou o governo que precisam mudar e colaborar nesta temática.

O que é que cada um de nós pode fazer com a educação das gerações mais jovens para implementar a mudança? Será que, em casa, as famílias esperam tanta participação de um filho nas tarefas domésticas como de uma filha? Não será também nas próprias famílias que se perpetuam o preconceito e a desigualdade?

O PESO DA IDADE

Outro tema ligado à questão da diversidade, no meu entender muito relevante e cada vez mais importante, é o da idade. Atualmente, é como se existisse um prazo de validade a partir do qual as pessoas se tornam impossibilitadas de ser contratadas: o valor da pessoa é mais elevado e as empresas questionam-se se vale a pena pagar por alguém mais velho e mais caro ou ter alguém mais barato, que acabou de sair da faculdade e cheio de energia.

Refiro-me aos profissionais com 35-40 anos, que começam a sentir a idade como um entrave. No passado, a barreira era nos 50, mas a régua já desceu e as empresas preferem muitas vezes contratar jovens recém-graduados, que podem ser formados e moldados à imagem da empresa.

Quando se contrata alguém com 35 anos, está se contratando experiência, mas também alguém que já traz vícios e que, regra geral, não tem o frescor e a energia de um jovem de 22 anos. A experiência de um profissional de 35 anos precisa ser paga, e as empresas questionam se essas competências adquiridas valem a pena ou se é preferível contratar dois juniores pelo preço de um sênior. Não será a mesma coisa – os dois jovens juntos nunca terão a experiência do trabalhador mais velho –, mas se essa vivência não for uma grande vantagem, pode não ser suficiente para ser escolhido.

Quanto menos específicas as funções, mais a idade será um entrave. Por que contratar para secretariado alguém com 45 anos se posso contratar duas de 20 pelo mesmo preço e que aprenderão *on the job*?

Existem empresas que já se deram conta dessa tendência e tentam lidar com o tema de modo objetivo, retirando dos currículos em avaliação para determinada função idade, sexo e fotografia, por exemplo, já que são fatores que nada revelam sobre as competências do candidato. As pessoas com mais experiência têm de conseguir sobressair, marcar bem as suas vantagens e capacidades, assim como os pontos fortes que as diferenciam, de modo a conseguirem competir com as cartas certas.

O tema da idade é, efetivamente, um condicionante – há quem pense: *se quero mudar de emprego, tem de ser agora, porque depois ninguém vai querer me contratar.* Estou convicta de que essa é uma das razões pelas quais vemos muitas pessoas na casa dos 40-50 anos decidindo mudar de vida, deixar o escritório na grande cidade e ir com a família para o campo, dedicar-se ao turismo rural ou montar um negócio novo numa cidade menor. É uma opção pessoal, mas tem muita relação com o fato de o mercado de trabalho não lhes dar resposta.

A minha experiência recente, de deixar uma grande empresa (Galp) para enveredar num novo ciclo profissional aos 46 anos, me levou a ouvir vários profissionais do mercado evidenciando a importância dos 50 anos como um "prazo de validade".

Há momentos-chave, relacionados aos marcos da idade, em que é fundamental saber o que queremos e que caminho percorrer para lá chegar. Aos 20 anos, as questões de carreira estão relacionadas com os setores em que se quer trabalhar para ir acumulando experiências; aos 30 anos, impõe-se a máxima: quanto mais melhor, por isso, o ideal é ir circulando o máximo e tentando absorver o maior conhecimento dentro da área em que se trabalha; aos 40 anos, é preciso definir bem o que se quer fazer a seguir e construir o caminho para chegar lá. E aos 50? Como ainda não cheguei lá, não sei, mas quero acreditar que ainda seja uma temporada de construção.

Ao longo da carreira, é necessário ir trilhando um caminho para o que se pretende alcançar, medindo e estudando os passos dados – mas sem perder flexibilidade, porque a vida também tem a vertente pessoal e é preciso que tudo se coordene.

Hoje, mais do que nunca, temos o conhecimento, a energia e a sabedoria para quebrar os padrões. É preciso contar com a visão de todos, sem deixar ninguém de fora: mulheres, homens, experientes e iniciantes, de diferentes origens.

Todos contamos.

> **Normalize trocar de área profissional aos 35. Ir atrás dos seus sonhos aos 43. Encontrar um grande amor aos 60. A vida não tem de estar toda resolvida antes dos 30. Quase nunca está.**
>
> – Coletivo Não me Kahlo

> "NÃO DEVEMOS TER MEDO DE SER DIFERENTES DE QUEM ESTÁ À NOSSA VOLTA, SENDO FIÉIS A NÓS MESMOS."

CAPÍTULO 4
GERIR PESSOAS DÁ MUITO TRABALHO

No âmbito de uma trajetória profissional, há um marco incontornável: o dia em que passamos a gerir uma equipe. Além de nós e das nossas próprias exigências, passamos a liderar outros profissionais.

Gerir pessoas é uma equação permanente de administração entre expectativas e sensibilidades de cada um. É desafiante manter uma equipe motivada, estável e equilibrada.

Manter a motivação do time e fazer com que apareça o melhor das pessoas que trabalham conosco é o maior desafio de quem entra no mundo corporativo e tem de gerir uma equipe, muitas vezes composta de elementos que não foram escolhidos pelo próprio gestor.

A gestão dessas questões humanas ocupa muito tempo da agenda de um gestor. É preciso orientar convenientemente as pessoas e perceber o que elas querem, do que cada uma delas precisa para estar bem e para dar o seu melhor. É algo que se aprende e refina ao longo da carreira, à medida que se vai evoluindo.

APRENDER FAZENDO

A primeira vez que liderei pessoas diretamente foi na Siemens. Nas agências por onde passara anteriormente tinha tido pequenas experiências de sucesso, o que me deu uma falsa sensação de conforto com o tema. Assim, quando comecei na empresa alemã, cometi alguns erros de principiante. Tinha três pessoas comigo; éramos uma equipe muito unida e a nossa relação ia além do escritório. Tínhamos todos mais ou menos a mesma idade, saíamos à noite, conhecíamos os parceiros uns dos outros e convivíamos bem. Eu era muito jovem, quis ser "da turma", mas a verdade é que isso não correu nada bem; pelo contrário, foi muito duro. Apesar de nos darmos bem, eu era a "chefe", e quando surgiu uma situação de *downsizing* e fui obrigada a escolher alguém para despedir, foi dramático para mim. Considerava-os meus amigos e sabia o impacto que aquela demissão teria na vida e nas famílias de cada um. Foi doloroso.

Depois dessa experiência, decidi evitar relações pessoais (além do básico) com as pessoas da minha equipe, não me envolvendo nem mostrando sentimentos – e acabei por cair no extremo oposto, criando uma barreira entre nós.

Tinha ficado marcada com a situação anterior, que sabia ter sido dificultada pela grande proximidade e intimidade que tinha com as pessoas. Por isso, tentei manter o distanciamento. Estava decidida a ser um farol e a garantir que orientava tudo e todos, arranjando soluções para qualquer problema que surgisse, sem me envolver ou me aproximar demais. Àquela altura, achei que esse seria o caminho certo, mas esse modelo de gestão não fez de mim melhor chefe, nem me permitiu ajudar as pessoas à minha volta a desenvolverem as suas capacidades da melhor maneira possível.

SHOT DE ENERGIA
Qual o seu tipo de liderança dos dias de hoje?

Líder diretivo   Assume a responsabilidade pelo controle e planejamento. Emite diretrizes com base na sua própria percepção das prioridades.
Líder delegador   Mostra baixo envolvimento pessoal junto aos colaboradores. Acredita na delegação de tarefas e de responsabilidades.
Líder participativo   Apoia a tomada de decisão consensual. Pondera e ocupa muito tempo na tomada de decisão. Procura o envolvimento de todos os colaboradores.
Líder consultivo   Presta atenção às opiniões dos colaboradores. No entanto, mantém um claro sentido dos objetivos, sendo responsável pelas decisões finais.
Líder negociador   Faz "acordos" com os colaboradores. Persuade os outros, identificando as suas necessidades e usando isso como base de negociação.

Fonte: Ralph M. Stogdill; Bernard M. Bass. *Stogdill's Handbook of Leadership: A Survey of Theory and Research*. Free Press, 2008.

Anos mais tarde, deu-se o *turning point* no que diz respeito à minha gestão de pessoas, que determinou a minha perspectiva e o meu comportamento a partir daí.

A IMPORTÂNCIA DA FORMAÇÃO

A mudança de chave aconteceu num curso, no âmbito da Siemens Global Leadership Framework: há uma Joana antes e uma Joana depois dessas aulas.

O treinamento decorreu no centro que a empresa tem em Feldafing, na Baviera, distrito de Starnberg, perto de um lago absolutamente encantador. Nessa academia, o objetivo é proporcionar a melhor experiência de aprendizagem possível. O complexo não tem qualquer tipo de luxo, mas não falta nada para serem dias de reflexão. É um lugar quase monástico, sem ser austero, e muito minimalista, num sítio paradisíaco.

O curso teve a duração de uma semana e o objetivo era desenvolver gestores e líderes de equipe a serem melhores profissionais, preparados para os novos desafios das suas carreiras. Tínhamos, eu e os outros gestores na mesma posição, reunioes em conjunto e também sessões de coaching privadas, nas quais fazíamos uma série de exercícios que, na prática, nos mostravam como os nossos atos têm sempre impacto no outro, e que as pessoas têm uma ideia de nós, quer seja a que queremos, quer não.

Um dos exercícios relativos a essa temática era muito simples: cada um de nós contava uma história real, que tivesse de fato acontecido, e depois se virava de costas; os outros comentavam entre si o que tinham achado da história e com que impressão tinham ficado do indivíduo, em voz alta, como se quem tivesse contado a história não estivesse ali para ouvir. Eu compartilhei a situação em que chorei à frente do meu chefe, mas tentei florear, contando apenas parte do que aconteceu. Depois, fiquei ali, de costas, ouvindo qual era a percepção do grupo sobre mim, e como tinham interpretado as minhas palavras – sem poder comentar nada! O leitor imagina a clareza que isto nos traz. As pessoas percebem nitidamente quando estamos sendo genuínos ou não; e o fato de não podermos interferir enquanto ouvimos cada um dos participantes falar sobre nós é simplesmente arrasador.

Foi um exercício interessantíssimo, e sinto que, daquele momento para a frente, a minha premissa alterou-se: é preciso ser você mesma. Sempre.

Não vale a pena querer manter uma fachada, nem tentar que os outros não percebam quais são as nossas fragilidades – porque percebem, quer queiramos, quer não. Desde aquele momento, compreendi que o caminho passa por assumirmos quem somos, com as nossas virtudes, os nossos erros e as nossas fragilidades. Temos de ser autênticos, e não tentar ser outra pessoa.

Pode parecer uma solução simples, é certo, mas a verdade é que há sempre pontos que podemos melhorar e por meio dos quais crescer. É como o nosso corpo: ele é o que é; nascemos com ele, tem determinadas características que o tornam único; no entanto, se fizermos exercício, conseguiremos moldá-lo. Não é por isso que deixa de ser o nosso corpo – só o trabalhamos.

Encontrei, entretanto, uma forma de gestão que penso ser equilibrada. Deixei de estar tão fechada, de ter essa barreira que me separava da equipe; tento estar disponível, sentir as dores do outro e compreender as pessoas que trabalham comigo, com empatia. Nem sempre consigo, mas não deixo de dar o meu melhor.

Ser genuíno ajuda muito na gestão de times. Somos seres sociais, e as relações humanas existem, inexoravelmente. Temos de gerir essas relações com inteligência.

Aprendi por experiência própria que a nossa equipe se abre mais quando somos verdadeiros, quando assumimos que não temos todas as soluções, mas garantimos que vamos à procura de uma resposta.

Percebi que não adianta sermos uma pedra insensível aos problemas pessoais da equipe. Isso não nos torna melhores chefes, muito pelo contrário. Não precisamos criar vínculos intensos de amizade e sair à noite, como erroneamente fiz no passado, mas podemos e devemos criar laços e compreender a equipe e cada elemento que a compõe. É, aliás, fundamental para o equilíbrio do grupo.

Nós não somos constantes, todos temos dias melhores e outros piores, mas em equipe conseguimos encontrar um equilíbrio. Se, num dia, um dos integrantes do time está para baixo e outro para cima, a equipe acaba ficando equilibrada, mas, para que isso aconteça, é preciso estar atento ao grupo, perceber qual a dinâmica entre eles, observar os sinais, compreender do que é que cada um precisa em determinado momento, de modo a aliviar a carga de quem necessita e colocar outros na linha de frente – e, acima de tudo, compreender que essa dinâmica não depende só de nós.

SHOT DE ENERGIA

Deixo aqui alguns truques para se gerar empatia com os integrantes da equipe:

Escutar

Não se esqueça:
1. Faça contato visual, observe e reaja às expressões faciais;
2. Incline-se ou aproxime-se;
3. Sorria ou, com o rosto, expresse preocupação nos momentos apropriados;
4. Use as pistas não verbais certas, como acenar com a cabeça, por exemplo, de modo a reforçar a mensagem de que está ouvindo.

Durante uma conversa, você não deve:
1. Mostrar-se agitado;

2. Esfregar os olhos;
3. Olhar para o relógio;
4. Enviar SMS;
5. Ler;
6. Olhar pela janela;
7. Espreguiçar-se;
8. Bocejar.

Demonstrar curiosidade
As perguntas certas facilitam uma boa conversa. Existem dois tipos principais de perguntas:
Perguntas fechadas: em geral, podem ser respondidas em poucas palavras, frequentemente com apenas "sim" ou "não".
Por exemplo: *Já terminou o* briefing *para a nova equipe de vendas?*
Perguntas abertas: fornecem um convite para que o outro se expresse e alimente a conversa.
Por exemplo: *Como está indo a construção do* briefing *para a nova equipe de vendas?*

Estabelecer ligações emocionais
Use a sua inteligência emocional para demonstrar que compreende o impacto de determinado tema que tenha surgido durante a conversa. Ao reconhecer o impacto emocional, você estará incentivando uma conversa mais aberta.
A fórmula mais usada é:
Aproximação e contextualização + Conteúdo + Emoção

1) Então, o que me parece é... Pelo que percebo, está...
Em seguida, adicione um comentário que reflita o contexto:
Recentemente, foi-lhe pedido que...

Geralmente, segue-se o conteúdo, que consiste na descrição da situação pelas suas próprias palavras. Por exemplo:
2) ... e não tem certeza de conseguir cumprir esse prazo.

Sempre que possível, identifique qual emoção que a pessoa diante de você está sentindo. Por exemplo:
3) E, por isso, está preocupado com... E tem receio de...

CONHECER AS NOSSAS CARACTERÍSTICAS E USÁ-LAS

Uma das coisas que me ensinaram no curso em Feldafing foi que o sorriso é um grande trunfo na comunicação. Até então, eu tinha a percepção de que era boa comunicadora, eloquente, que passava credibilidade – mas saber que sorrir tornava a comunicação mais simpática fez com que eu começasse a usar mais esse recurso.

Em um curso de Psicologia de Sucesso que fiz, um dos exercícios consistia em sorrirmos ao entrarmos numa sala, mesmo que não conhecêssemos ninguém; o resultado é que quem olha para nós cria automaticamente empatia conosco. O sorriso transmite bom humor e as pessoas querem se ligar a quem transmite boas energias. Em Feldafing, relembraram-me disso; reforçando a simpatia do meu sorriso, conseguia transmitir boas emoções, e desde então nunca mais me esqueci desse trunfo.

Falei do caso do sorriso, mas poderíamos falar de outras características: boa energia, *multitasking*, positividade – no fundo, o mais importante é que percebamos quais são as nossas características específicas e o modo como tocam os outros. É algo muito útil para a fluidez do trabalho em equipe.

O sorriso e a pandemia

As máscaras que começamos a usar por causa da pandemia de covid-19 levaram a uma reaprendizagem dos códigos de comunicação. Como andamos com o sorriso escondido, uma grande parte de emoções e de expressões se perde, dificultando a empatia.

Habituei-me tanto a usar o meu sorriso como ferramenta para chegar ao outro que o fato de usar a máscara acabou me obrigando a reaprender processos de comunicação interpessoal, especialmente quando tenho de fazer apresentações. Ao não se ver a nossa expressão, há uma parte de nós, mais emocional, que instantaneamente se perde.

As reuniões virtuais, por Teams ou Zoom, trazem também desafios, uma vez que a expressão facial nessas situações é exacerbada e, não tendo contexto físico, muitos mal-entendidos podem ser criados. Tive uma ou duas situações críticas em que as pessoas com quem estava em reunião ficaram com a ideia de que eu estava aborrecida com determinado tema, o que não correspondia à verdade. Foi, no entanto, essa a mensagem que lhes passei com a minha expressão, mesmo que verbalmente não tivesse dito nada nesse sentido. Esse tipo de situações me fez perceber que precisaria trabalhar a minha *poker face*, de modo a saber exatamente como equilibrar o ambiente das reuniões virtuais.

É fundamental que nos conheçamos bem para criarmos modelos de gestão que se adéquem às nossas características.

SHOT DE ENERGIA
Liste os seus traços positivos, os seus pontos fortes. Você realmente está os usando?

SOMOS TODOS PESSOAS

A minha entrada na Galp foi acompanhada de um processo difícil com a equipe que herdei, que estava muito acomodada. Senti ser necessário uma injeção imediata de energia, mudar a filosofia e a cultura do grupo, pontos complicados e que exigem tempo, dedicação e determinação. Foi um desafio gigantesco.

Uma das medidas que implementei foi o fim das hierarquias, passando todos a reportar a mim. Percebi, depois, que esse movimento foi algo que reforçou a sensação de desconforto, de medo e de insegurança a todos. Se fosse hoje, com o que aprendi, talvez fosse mais "gentil" nessa medida.

O que é fato é que a mudança vem quase sempre acompanhada de receios, e era óbvio que uma equipe que já se sentia ansiosa acabasse ficando ainda mais. Entre as muitas medidas implementadas e reuniões marcadas, sentia que tinha de fazer alguma coisa extra para motivar as pessoas. Decidi enviar um e-mail notificando que, a cada trimestre, iríamos premiar monetariamente o projeto mais emblemático do departamento. Achei que a minha ideia ia ser um sucesso e estranhei muito ninguém ter reagido. Passaram-se semanas e não tive qualquer comentário a respeito. Na época, não percebi o porquê dessa atitude, visto que, sob o meu ponto de vista, estava dando oportunidade para a equipe ver o seu trabalho reconhecido e, mais ainda, com um prêmio em dinheiro. O que é que estava acontecendo? Não conseguia entender. Até que, numa conversa franca com um dos integrantes seniores do time, percebi finalmente o problema. E era tão simples: a ideia era genial e pertinente, segundo ela, mas a forma como a tinha implementado fora errada. Estava agindo sozinha. Não estava trabalhando com a equipe e esta não se sentia envolvida.

Como gestores, podemos fazer tudo de acordo com a teoria, com as melhores práticas que aprendemos a fazer, ao longo dos anos e nas inúmeras formações que tivemos na área – nos sentimos completamente à vontade, confiantes de que possuímos todas as competências necessárias; no entanto, se não levarmos as pessoas conosco, se não as conhecermos e se não soubermos o que as motiva, estamos sozinhos.

Fiquei pensando nessas palavras e, depois de refletir sobre o assunto, decidi ir almoçar com todas as pessoas da minha equipe, uma de cada vez. Estava determinada a conhecer o time e vice-versa. Sabia que sem eles ao meu lado não conseguiríamos alcançar o que quer que fosse.

Durante os almoços, consegui conversar sobre o que cada um queria, as expectativas que tinham, o que pretendiam, onde se viam no futuro, que receios sentiam... Demorei cerca de três meses para conseguir estar com cada um deles. Não levava nenhum roteiro – íamos simplesmente almoçar e conversar; e foi curioso reparar que as conversas finais não foram iguais às primeiras: a própria dinâmica com a equipe foi mudando, começamos a nos conhecer ao longo do tempo. Enfatizo: não se faz nada sem as pessoas.

Há muitos anos, desabafava a minha frustração com Hugo Figueiredo, atual administrador da RTP[3] e, para mim, um dos maiores *marketeers* de sempre: a minha grande paixão é a Publicidade e a Comunicação, e sentia que, estando num cargo de chefia, a maior parte do meu tempo seria gerindo processos, políticas e pessoas. O Hugo, descontraidamente, me disse: "somos melhor naquilo que fazemos quanto mais a nossa equipe cresce". Confidenciou-me que uma das formas que tinha para medir o seu sucesso enquanto líder era

---

3 A Rádio e Televisão de Portugal (RTP) é uma empresa pública portuguesa que inclui estações de rádio e televisão. [N.E.]

avaliando para onde é que as pessoas seguiam depois de trabalharem com ele: se elas dão um bom salto e crescem depois de trabalharem com você, então você foi um bom chefe. Se estão estagnadas e não evoluem, você está fazendo alguma coisa errada. Se as pessoas não estiverem conosco, se a equipe não for engajada, não conseguimos que deem o melhor de si.

Se for levar em conta esse ponto de vista, concluo que tenho feito um bom trabalho: João Delgado, hoje diretor de comunicação da Autoeuropa; Diogo Sousa, atual diretor de comunicação da Galp; e Salomé Faria, diretora de comunicação da Siemens Portugal, são algumas das pessoas que trabalharam diretamente comigo. Gosto de pensar que, se passaram por mim, estão preparadas para tudo.

SHOT DE ENERGIA

A minha regra pessoal é todos os dias fazer melhor, sem dramas. Se hoje não foi perfeito, amanhã tento novamente. Os meus conselhos são:

- Ouça o outro, sem dar logo a sua opinião;
- Em vez de apontar imediatamente o erro e dizer como é que se deve fazer, levante questões, dando espaço para explicar as suas escolhas e fazendo com que seja o outro, por meio das perguntas e da reflexão, a chegar à conclusão que se pretende;
- Pense — as ações de cada pessoa são sempre baseadas naquilo que ela achou ser o melhor;
- Faça comentários não sobre as pessoas em si, mas a respeito de determinado comportamento ou trabalho.

É muito diferente ouvir *O que está acontecendo?* e *Não está conseguindo cumprir os prazos* ou *Nos últimos tempos, o seu desempenho não está ao seu nível...* A mensagem é a mesma, mas muda a forma como o outro ouve o que está sendo dito.

Atribui-se a Albert Einstein uma frase muito interessante: "somos todos geniais, mas, se avaliarmos um peixe pela sua capacidade de subir às árvores, ele vai acreditar que é estúpido para o resto da sua vida".

Cada pessoa tem pontos fortes e pontos fracos, e numa equipe é bom ter integrantes distintos e com capacidades diferentes, de modo que se imprima diversidade no todo.

O caso mais paradigmático que tive foi com uma pessoa da equipe da Galp. Quando entrei para a empresa, a pessoa em questão era a fotógrafa oficial e, ao fim de poucas conversas, percebi que era uma profissional com muito talento, cujo potencial não era totalmente aproveitado. Passei-lhe o desafio de desenvolver a área de *employer branding* da marca e o resultado foi tão bom que, mais tarde, acabou sendo recrutada pela Jerónimo Martins[4] para fazer o mesmo nessa marca.

Gerir pessoas dá muito trabalho; no entanto, é a base de tudo. Não se faz nada sem as pessoas certas ao nosso

---
4 Jerónimo Martins é um grupo empresarial de distribuição alimentar e retalho especializado, presente em Portugal, Polônia e Colômbia. [N.E.]

lado. E elas têm de se sentir admiradas ou compreendidas. Só assim darão o seu melhor, sem medo de fazer, de agir e de arriscar.

GESTÃO DE EQUIPES EM TEMPOS DE COVID-19

Em termos de gestão de equipes, as circunstâncias criadas pela pandemia causada pela covid-19 trouxeram novos desafios. O paradigma de trabalho não é o mesmo depois dessa vivência.

Recuando até março de 2020, os primeiros meses em que estivemos em confinamento foram muito complicados. De repente, o mundo fechou e fomos todos mandados para casa. Durante o primeiro confinamento, havia quase um sentimento de luta pela sobrevivência da humanidade – parecia que o mundo ia acabar. As pessoas, por sua vez, trabalharam e fizeram tudo o que podiam para ajudar, como se tivesse surgido um desígnio, uma vontade comum que impulsionava a todos para disponibilizarem a fazer o que fosse preciso, esquecendo antigas regras. Trabalhava-se a qualquer hora, desde manhã até de madrugada, sete dias por semana. O importante era sentir que se fazia parte da solução, que se contribuía de alguma forma no combate à catástrofe mundial que se abatia sobre nós. Rapidamente se percebeu que não era saudável viver nesse registo de emergência permanente e foi preciso criar regras para essa nova maneira de trabalhar.

No meu caso, por exemplo, os integrantes da minha equipe sentiam-se muito perdidos e frustrados (como todos nós, imagino), e procuravam em mim algum tipo de luz, como se quisessem que eu lhes desse respostas ao *E agora? Como é que vai ser?* Eu também estava perdida, gerindo os meus sentimentos e inquietações como podia, tentando não mostrar os meus receios; todavia, era impossível que a incerteza que sentia não passasse para a equipe.

Agi tão bem quanto me foi possível para manter a equipe motivada e daí surgiram espontaneamente algumas práticas, como o momento para "ter tempo de falar", durante o qual, semanalmente, juntava toda a equipe numa sala virtual e falávamos sobre um tema que alguém propunha. Foi uma prática que surgiu logo no início e que se manteve por muito mais tempo, revelando-se bastante útil. Por outro lado, era necessário deixar claro qual era o objetivo de estarmos todos trabalhando em casa: salvar vidas! Estávamos nessa situação por uma causa maior. Era muito importante, então, descansar as pessoas e mostrar que, se o filho interrompesse a reunião, por exemplo, não haveria absolutamente nenhum problema. Ninguém tinha de se sentir mal por isso. Se tivesse de se levantar para ir abrir a porta da rua, também não seria um problema. Era necessário dizer abertamente às pessoas que esses tipos de situação – tão incomuns ao contexto de trabalho, podendo, por isso, deixá-las envergonhadas – eram agora normais, e que elas não estavam sendo avaliadas ou julgadas por isso. Inclusive, uma das melhores práticas que vi a esse respeito foi feita pela transportadora DHL, que emitiu um comunicado a todos os colaboradores dizendo que os filhos dos funcionários eram muito bem-vindos às reuniões. Estar em confinamento, em teletrabalho e com os filhos em casa, com aulas on-line, era um desafio gigante – quanto menos constrangimentos se criassem, melhor.

Era importante dar formação e ferramentas aos gestores para que soubessem quais as melhores práticas e o que não fazer. Cada empresa teve de criar um código de conduta para gerir equipes nesse regime exclusivo de teletrabalho. Foi preciso bastante jogo de cintura e flexibilidade para, no *home office* compulsório, chegar a todos os integrantes da equipe da melhor maneira. Cada pessoa é diferente, cada uma delas viveu essa fase de modo distinto e enfrentou desafios pessoais.

A experiência do *home office* foi totalmente diferente consoante a realidade de cada um:

- Vive sozinho?
- Tem uma casa grande e um bom espaço de trabalho? Ou, pelo contrário, teve de trabalhar na sala e dividir o espaço?
- Tem filhos já crescidos e independentes? Tem crianças pequenas em idade escolar? Ou tem de repartir a atenção do trabalho com um bebê de 6 meses?

Quem está gerindo uma equipe tem necessariamente de saber um pouco da vida pessoal de cada membro, porque, mais do que nunca, a dinâmica da família interfere no trabalho. Passamos por uma situação inédita e foi preciso adaptarmo-nos – e os gestores tiveram de olhar para cada um e inferir como ajudar, de modo que o colaborador pudesse dar o melhor de si.

O que ficou

A título de exemplo, surgiram pequenas medidas e boas práticas de trabalho que me parecem ter vindo para ficar: não se marcam reuniões depois das 18h; não se enviam mensagens às 8h da manhã; é preciso garantir uma pausa para almoço; deve-se reservar, diariamente, uma hora na agenda sem reuniões, e estas, existindo, apenas com horário de início e fim, além de pontos-chave.

Algumas empresas foram mais longe, fazendo com que o próprio sistema de correio eletrônico bloqueasse os e-mails entre sexta-feira à noite e segunda-feira de manhã. Se alguém quisesse adiantar trabalho, poderia fazê-lo, mas não deveria incomodar o colega que, no sábado à tarde, está em casa, tranquilo, vendo um filme em família.

A pandemia – sem desprezar o drama que foi para muitas pessoas em termos econômicos, em âmbitos pessoais, como de saúde mental e de perdas humanas

– foi para mim um *game changer*, tanto pessoal como profissionalmente.

Eu era indisciplinada com as horas de almoço e de saída do escritório. Nunca gostei de levar trabalho para casa, e se, numa sexta-feira, precisasse ficar até meia-noite para garantir que não deixava nada pendurado, ficava. Não tinha hora de almoço; aliás, raramente almoçava, limitando-me a comer qualquer coisa no balcão. Como gosto muito do que faço, não me custava tal intensidade, mas a verdade é que sentia dificuldades em equilibrar a vida pessoal e a profissional. Não tenhamos ilusões: apesar de sermos a mesma pessoa, existem essas duas vidas, e, estando eu tão completamente absorvida pelo meu trabalho, o meu lado pessoal acabava ficando em segundo plano.

Continuo muito dedicada à minha carreira, mas a pandemia mudou o paradigma dos meus dias. Passei a ter mais equilíbrio pessoal. Comecei a respeitar a hora de almoço, a fazer ginástica e a correr, e criei rotinas pessoais, que não tinha e que melhoraram muito a minha vida.

Logo durante os primeiros meses do confinamento, minha sobrinha Inês, de 24 anos, veio morar comigo, o que também ajudou a estabelecer essas rotinas. Era como se estivesse num ambiente de *coworking* (na época, a Inês fazia gestão de redes sociais de algumas marcas americanas), que me permitia discutir ideias e trocar impressões. Além disso, me forçava parar para almoçar, jantar e ter algumas rotinas.

No campo profissional, o fato de ter percebido que posso ser tão produtiva na minha casa, em Lisboa, como em Lagos, junto à praia, ou no escritório, também me trouxe vantagens.

SHOT DE ENERGIA

Com o trabalho flexível, ganhei tempo e a possibilidade de trabalhar onde quiser.
No seu caso, pessoalmente ou como gestor de equipes, ganhou alguma coisa? O que perdeu? Serão os tempos de flexibilidade uma fonte de proveito?

Pode parecer um contrassenso, mas durante o confinamento passei a ter mais contato com a equipe, senti-me mais próxima de cada um deles e, para mim, quer em termos de organização pessoal do meu dia a dia, quer em termos profissionais e relacionais com o time, houve pontos muito positivos.

Por exemplo, com a minha equipe de gestão direta, os quatro gerentes, implementamos reuniões diárias e a nossa relação melhorou devido a esses momentos. Eram reuniões curtas, agendadas com início, meio e fim, que serviam para nos mantermos conectados. Graças a elas, tive oportunidade de os ouvir melhor, perceber as dificuldades de cada um e ficar a par do que acontecia no terreno de maneira mais efetiva.

HOME OFFICE – SIM, NÃO OU TALVEZ?

Algumas pessoas na equipe, tal como eu, estavam muito bem adaptadas ao modelo de *home office*; outras, no entanto, ficaram muito frustradas com essa maneira de trabalhar – precisam do processo criativo, de *inputs* pessoais e da parte relacional.

Enquanto o 100% *home office*, a que fomos obrigados em virtude da pandemia, implica que tudo seja feito de forma digital, a distância, sem contatos e sem relacionamentos pessoais, o trabalho flexível permite, de certo modo, ter o melhor dos dois mundos: o mundo digital, a distância, onde for melhor, combinado com o presencial, no escritório, que oferece um lado mais relacional.

Estou convicta de que haverá um conceito misto, entre o trabalho presencial e o remoto. Vejo 2022 como um ano muito interessante, durante o qual tivemos de nos reorganizar no modo de trabalhar. Penso que se alcançará um equilíbrio; contudo, ainda não sabemos qual o modelo. Estou muito curiosa para ver como é que as pequenas e médias empresas (me refiro a elas por serem as que estão fora do contexto internacional, funcionando de modo mais tradicional em termos de gestão) vão encarar o trabalho no futuro. Que mudanças serão implementadas? Vão querer os colaboradores novamente presentes na empresa, tal como no formato anterior? Os funcionários vão aceitar bem o regresso a esse modelo? Ou eles vão exigir alterações e uma nova maneira de gerir o dia e o trabalho?

É claro, alguns chefes vão gostar de voltar a ter as suas equipes por perto. Em alguns casos, não será por uma questão de controle, mas porque preferem o contato direto com as pessoas e são melhores líderes ao vivo, são mais carismáticos cara a cara. Para essas pessoas, estar em *home office* é duro e a adaptação a esse registo é mais difícil, visto que não se identificam com a distância inerente. Acredito, no entanto, que as grandes empresas vão aproveitar a oportunidade de mudança.

A tentação para voltar ao que era pode ser grande, mas é preciso se ajustar aos novos tempos. Estou convicta de que o futuro vai passar pelo sistema de *hot desk*, ou seja, um posto de trabalho rotativo, sem lugares fixos, mas que permite a quem vai trabalhar fisicamente na empresa se sentir bem-vindo e com boas condições para tal. De qualquer modo, tão importante quanto garantir um bom espaço no escritório – mesmo que seja diferente do anterior, em que cada um tinha uma secretária com as suas coisas – é garantir que em casa os colaboradores também tenham as melhores condições de trabalho.

É nesse equilíbrio casa/escritório que assentará o futuro.

Ir ao escritório continuará a ser importante; é preciso manter o espírito de cultura da empresa e, acima de tudo, fazer com que as pessoas se sintam parte de um todo, necessitando do contato com o outro. É saudável cruzarmos com colegas com quem não trabalhamos diretamente – até mesmo fazer a pausa do café com um grupo distinto nos ajuda a pensar e a falar sobre temas diferentes.

Haverá com certeza coisas boas que poderemos retirar da experiência da pandemia. É inegável que muito trauma e dor estão associados a esse momento difícil, mas não podemos nos agarrar unicamente às experiências negativas. Há muitos aprendizados que podemos e devemos levar conosco dessa fase, e cabe a cada um de nós tirar partido de tudo o que experenciamos de modo inteligente.

Assim, pelo menos, todo o sofrimento e desgaste que vivemos não terá sido em vão.

> "FAÇA A SUA EQUIPE SENTIR-SE PODEROSA."
>
> — HARRISON MONARTH

CAPÍTULO 5
O MUNDO NOS DÁ O MUNDO

Viver, trabalhar e pensar em contexto internacional não só nos muda profundamente como nos oferece uma série de aprendizagens. Aconselho todos os que tiverem a possibilidade de estudar ou de trabalhar num ambiente internacional que não percam essa oportunidade; é algo que nos transforma enquanto profissionais e pessoas, enriquece-nos e nos faz pensar numa série de temas e abordagens que não surgiriam se não saíssemos do país. São experiências que ficam para sempre, unicamente possíveis quando se vai além das fronteiras e se parte para o desconhecido, quando se mergulha em culturas e realidades diferentes da nossas.

As experiências internacionais que tive profissionalmente, tanto na Alemanha como em Iselin, Nova York, mostraram-me que é preciso estarmos abertos e adaptáveis à maneira como os outros trabalham, de modo a podermos crescer e adquirir melhores práticas.

Ainda que duas pessoas olhem para a mesma coisa, o que veem e a forma como a interpretam não é necessariamente igual. Se isso já é verdade em território nacional, ganha outra dimensão num ambiente internacional.

FAZER DIFERENTE TRAZ BONS RESULTADOS

Quando estive nos Estados Unidos, fiquei impressionada com a gestão das reuniões e a sua respectiva organização. Em primeiro lugar, cinco minutos antes de a reunião ter início, todos já se encontravam sentados e prontos para começar. Todas as reuniões, além de uma pauta, tinham uma hora de início e de fim, escrupulosamente cumpridas. Havia, ainda, um outro pormenor que achei extraordinário: um *time keeper*, ou seja, alguém presente para monitorizar o tempo de cada assunto, fazendo com que a duração seja cumprida. Findo o tempo estipulado, passava-se ao próximo assunto, estivesse o primeiro concluído ou não. Caso não estivesse, o responsável teria que resolvê-lo posteriormente, informando por e-mail as partes interessadas acerca das conclusões alcançadas.

O grau de eficiência desse sistema é, na verdade, incrível: não há espaço para divagações ou para que as pessoas se percam em discussões intermináveis. Da minha experiência, reconheço nos americanos muitas características positivas. Acima de tudo, são comunicadores natos, muito organizados, práticos, extremamente focados e assertivos, e sem vontade de perder tempo com pormenores insignificantes. São também ótimos no Marketing e, acima de tudo, revelam uma atitude diferente da nossa perante as situações. Por exemplo, se decidirem pintar uma parede de azul, anunciam imediatamente que vão fazê-lo, assegurando que vai ficar espetacular e que nada será igual depois de essa parede ser pintada.

A lógica europeia é mais prudente: primeiro, pensa-se bem se vai ser mesmo azul; depois, aplicam-se vários testes de tons; em seguida, e com cautela, decide-se iniciar a pintura, mas ainda sem comunicar a alteração, já que não se tem a certeza de que vai ficar boa. É um raciocínio *totalmente* diferente.

Gostei muito da experiência de trabalho nos Estados Unidos; embora breve, ensinou-me muito. Tanto nos Estados Unidos como na Alemanha sente-se uma organização e uma forte noção de cumprimento das regras. A cidadania é muito ativa e forte, e as pessoas são valorizadas por cumprirem o que está estipulado.

Diria que ao ecossistema empresarial, em geral, nos outros países faltam a base e o método para sermos eficientes, aproveitando ao máximo as nossas capacidades.

Dito isso, há, no entanto, uma situação muito curiosa: o fato de as subsidiárias das multinacionais em Portugal serem, quase sempre, as mais produtivas do mundo, apontadas como casos de estudo. Empresas como a Deloitte, a Siemens, o Google ou a Bosch são a prova de como uma estrutura bem montada, com regras perfeitamente definidas, na qual cada um sabe qual é o seu papel e o que dele se espera, com um fluxo extremamente claro, leva a um outro patamar quando são operacionalizadas em Portugal por portugueses. A essa plataforma bem-estruturada, os portugueses juntam a sua dedicação, o seu desembaraço, o seu "desenrascanço"[5], agilidade e capacidade de improviso. Isso também se passa quando os portugueses vão para fora e se tornam casos de grande sucesso, ao integrarem empresas altamente estruturadas como essas. São vários os exemplos de executivos que vão trabalhar para multinacionais fora do país e que se destacam brilhantemente.

Em Portugal, contudo, ainda não conseguimos controlar o nosso ímpeto criativo, apesar de estarmos no bom caminho. Tentamos sempre perceber qual a melhor forma de fugir à regra, de contornar a questão... Pessoalmente, encaro isso como um problema geral. Recordo-me de uma situação aparentemente inócua que ilustra bem o tema: estava numa faixa de pedestres, em Amsterdã. O sinal estava vermelho para os pedestres, mas, como não vinha qualquer carro, atravessei. Imediatamente, reparei no ar escandalizado das pessoas que me viram atravessar – era

---

5 Uma capacidade quase natural para resolver problemas, contornando situações difíceis. [N.E.]

inconcebível para eles. Não falo holandês, mas percebi perfeitamente que comentavam entre si o fato de eu estar atravessando no vermelho. Não repeti – até tive vergonha; mas assim notei a diferença de culturas: para nós, é aceitável a transgressão.

Talvez por causa disso, aliado ao complexo de inferioridade dos portugueses, o CEO da Siemens em Portugal insistia muito numa cultura de sucesso: tínhamos de ser os melhores, os mais criativos, os mais exigentes, os mais rápidos – caso contrário, a Alemanha não olharia para nós. Esse mote era seguido por todos e nos tornamos uma equipe de elite em muitas áreas. Lembro-me de que, na Comunicação, lançávamos imediatamente as campanhas assim que saía um produto novo, usando o mercado português como piloto – e funcionava lindamente. Concorríamos a todos os prêmios e ganhávamos muitos; foi, aliás, uma prática que mantive com as minhas equipes em outras empresas, incentivando-as a concorrer. Mesmo que sejam prêmios pequenos, é bom ganhar. Trata-se de obter reconhecimento, algo que fica registado e que traz notoriedade entre pares. Em contexto internacional, temos de mostrar constantemente o nosso valor, de modo a conseguir a atenção e os orçamentos de que precisamos.

A diversidade cultural nos traz o mundo. As experiências internacionais são únicas e nos enriquecem de modo ímpar.

SHOT DE ENERGIA

Já teve alguma vivência internacional? Que boas práticas adquiriu com a sua experiência em outros países ou em contato com outras culturas? De que modo essas experiências alteraram o seu modelo de trabalho?

O QUE É PARA MIM, PODE NÃO SER PARA O OUTRO

Na Alemanha, a Siemens é uma grande empresa, conhecida e reconhecida, com um peso enorme – e muito procurada em termos de trabalho. Em Portugal, também é, claro, mas não tem o peso que tem no seu país de origem. Por vezes, era difícil de explicar aos alemães que nem tudo o que a Siemens fazia em Portugal iria conseguir obter a atenção da mídia ou ser notícia de primeira página; para eles, a Siemens é uma marca de referência, e nem sempre fazia sentido que a empresa não tivesse a mesma importância em todo o mundo.

Nesse tema, assisti a uma situação muito caricata com uma colega de Israel. Durante um encontro com representantes de todos os países, essa colega israelense tentava explicar a um colega alemão que, no país dela, havia uma marca de tapetes muito conhecida chamada Ziemens, e que, ao comunicar a mensagem da Siemens, se deparava com o problema de as marcas serem confundidas. O alemão, num primeiro momento, nem estava entendendo como é que a palavra "Siemens" era associada a tapetes em Israel – para ele, assim como para toda a Alemanha, o nome da empresa era único e inconfundível.

Essa conversa, que tanto me fez rir, é um ótimo exemplo das diferenças culturais e das referências de cada país. O que é uma verdade na Alemanha não é em Israel. Penso muitas vezes nessa história para me lembrar de que o que é verdade para mim, e no meu país, não é para os outros. Por exemplo, uma campanha da Galp, por menor que fosse, tinha muito mais impacto em

Portugal que no mercado espanhol, dada a notoriedade tão diferente que a empresa tem nos dois países.

É importante colocar-se no lugar do outro e não achar que tudo se rege infalivelmente de acordo com a nossa perspectiva.

ÁFRICA MINHA

A primeira vez que estive em Angola ficou marcada com uma história inesquecível. Todos os anos, acontece em Luanda uma feira de negócios, a FILDA. Em Angola, essas feiras ainda tinham um grande peso e era importante marcar presença. A Siemens queria ter um estande na feira e eu tratei de tudo a distância. Cheguei a Luanda na véspera da abertura da feira, foram me buscar no aeroporto, levaram-me diretamente para um bom hotel e tudo decorreu tranquilamente. Estava calor, sentia que estava na África, mas a primeira impressão não era a de estar numa realidade completamente diferente da minha. No dia seguinte, preparei-me a rigor para a inauguração da feira, de vestido e salto alto, mas, ao chegar ao jipe que me levaria e vendo-o coberto de lama, percebi que talvez a minha roupa não fosse a mais indicada. Segui viagem sobre terra batida e, nesse momento, comecei a sentir realmente o ambiente africano. Sempre que parávamos nos semáforos, via ao meu redor autênticos supermercados ambulantes, com crianças vendendo tudo e mais um pouco.

Quando chegamos ao local da feira, percebi que a FILDA nada tinha a ver, afinal, com o que estava acostumada das outras feiras. À minha frente, num terreno enlameado, erguia-se um armazém. Saí do jipe, carregando os caixotes cheios de brochuras, e enterrei de imediato os saltos na lama. Fui logo rodeada por dezenas de crianças pedindo dinheiro ou, em alternativa, que as deixasse levar os caixotes e lhes pagasse o serviço. Aceitei a ajuda das crianças e entrei no armazém à procura do incrível estande da Siemens que tinha mandado fazer em Lisboa, mas não o encontrei.

Dei a volta no armazém, apreensiva, e a certa altura vi um espaço, um pouco escondido, com a indicação "Siemens". Olhei repetidamente para a maquete do expositor que tinha comigo e para o espaço inacabado à minha frente, tentando entender o que estava acontecendo. Confirmei que era o nosso estande, apesar das inegáveis diferenças comparado ao projeto. Estavam por lá alguns trabalhadores, de martelo na mão, mas nada daquilo era o que eu tinha encomendado e pelo que havia pagado – a feira ia abrir dentro de uma hora e era preciso terminar a construção daquele espaço. Descalcei os sapatos de salto alto e comecei a preparar tudo para a inauguração – na medida do possível.

Finalizamos as montagens, aspirei o estande e a feira abriu. Além desse contratempo, tomei também consciência de que, em Angola, como na maioria dos países africanos, a mulher não é muito valorizada no meio profissional... (Um pequeno parêntese para recordar uma situação que vivi numa feira em Maputo – Facim –, com o então Presidente da República de Moçambique, durante a qual fui completamente ignorada, como se não fosse uma executiva que ali se encontrava para representar a Siemens.)

Aproveitando a minha viagem a Luanda, e como a Siemens queria apoiar um projeto social em Angola, acabei por ir visitar orfanatos, escolas e outras instituições, para podermos escolher uma que fosse elegível para o apoio. Vi coisas que, para mim, para os critérios e padrões europeus que tinha, eram inaceitáveis. A vida das pessoas naquele país é muito diferente da nossa. O choque foi enorme; a vida humana tem um valor desigual, pelo qual não podemos viver e trabalhar tendo em conta apenas as nossas referências.

Recordo que tinha preparado uma estratégia de comunicação para discutir com os colegas do escritório da Siemens em Luanda – uma apresentação fantástica feita em PowerPoint –, mas a realidade é que, dos quinze dias que tinha para implementar esse trabalho, uma semana foi destinada a resolver o tema do envio dos postais de Natal. Como a maioria das pessoas não tinha residência fixa, precisamos montar a operação logística para os postais serem distribuídos, um a um, por entregadores contratados, começando numa ponta da cidade e terminando na outra. Entre entregadores e aluguéis de vans, este detalhe aparentemente simples – postais de Natal – ganhou uma dimensão que não imaginaria possível, caso não a tivesse vivido e resolvido *in loco*.

Fui inúmeras vezes a Moçambique, a trabalho, país de que gosto muito, apesar da pobreza e das condições em que a maioria da população ainda vive. O povo moçambicano é muito acolhedor e alegre, e sou sempre muito bem recebida. Uma das experiências mais interessantes que tive foi no âmbito do projeto que a Galp desenvolveu com a FUNAE – Energiza. Com recurso a sistemas solares fotovoltaicos, quatro aldeias de Moçambique puderam ter, pela primeira vez, luz elétrica. Fui à inauguração de uma dessas "aldeias solares", a cerca de três horas da cidade da Beira, onde fiquei hospedada. A viagem entre a Beira e a aldeia foi feita de jipe – nesta já não cometi o erro de ir de salto alto. De vestido e de sapatilhas, tive um dos dias mais incríveis da minha vida.

Quando chegamos à aldeia, as meninas estacaram, de olhos esbugalhados, perante a primeira mulher branca que viam na vida – e eu, impressionada com a festa que se seguiu. A cerimônia de inauguração foi feita ao som de música e danças típicas da região, e todos os patriarcas das aldeias próximas vieram para assistir à solenidade.

Foi um privilégio poder contribuir para melhorar as condições de vida daqueles moçambicanos, que até aquele momento nunca tinham se beneficiado da luz elétrica. O projeto pretendeu iluminar a via pública, o hospital, a escola e algumas casas; graças à geração solar, aquelas pessoas puderam beber, pela primeira vez, água fresca! Foi notável. O que para qualquer europeu era completamente banal, naquelas aldeias de Moçambique era um feito nunca antes visto. Foi maravilhoso sentir que fazíamos a diferença e perceber o impacto que as nossas ações tiveram na vida das pessoas.

Graças a esses episódios, passei a ser totalmente a favor de incentivar o sair do escritório e ir para a rua – só assim sabemos verdadeiramente como é a vida real, que condições têm as pessoas e quais as dinâmicas em funcionamento.

E são essas as vivências que dão ainda mais significado ao nosso trabalho e à nossa vida.

GESTÃO DE EQUIPES (INTERNACIONAIS)

Outra vertente da minha experiência internacional foi ao gerir equipes.

Se já é difícil gerir equipes em nosso próprio país, sem ter a língua e a cultura como barreira, quando se leva essa gestão para âmbito internacional, tudo se torna mais desafiante, já que estamos lidando com pessoas com um *background* diferente; é fácil cairmos em ratoeiras sem percebermos.

Durante um ano e meio, geri uma equipe em contexto essencialmente virtual, com colaboradores franceses, espanhóis, gregos, belgas, suíços e italianos. Eles reportavam aos diretores de Comunicação do seu país, mas era a mim que falavam sobre os assuntos de Marketing associados aos produtos de energia da Siemens. Ou seja, eu não era responsável pelo salário ou pela avaliação de desempenho desses profissionais, mas tinha de os "convencer" a desenvolver ações no âmbito do nosso projeto.

Comunicação verbal

Sendo já uma situação delicada, havia um pormenor que tornava tudo ainda mais difícil: a questão do idioma. Nenhum de nós tinha o inglês como língua materna, e se por um lado estávamos todos em pé de igualdade, por outro, tudo se complicava – não era incomum termos conversas durante as quais notávamos que eu estava falando de uma coisa, e o meu interlocutor, de outra.

O problema não era tanto o meu inglês ou o deles; a questão é que estávamos quase sempre a distância e em uma língua que não era a nossa.

Quando nos reuníamos ao vivo, uma vez por ano, os encontros eram fantásticos e corriam lindamente: fazíamos um bom jantar, divertido, e, independentemente do idioma, as conversas fluíam bem – nos entendíamos, já que, além da língua, usávamos comunicação não verbal, corporal, o que facilitava o entendimento mútuo.

Para evitar interpretações erradas, arranjei um truque, que acabei por adotar também em reuniões nacionais: perguntar sempre qual era a conclusão da reunião para cada um. Era uma maneira de avaliar se saíamos da reunião com a mesma ideia do que tinha sido falado. Se mesmo em equipes em quais falamos todos a mesma língua nem sempre é fácil, quando há a barreira linguística, o nível de dificuldade aumenta.

Comunicação escrita

A comunicação por escrito, como é o caso dos e-mails, tem uma importância muito maior quando as equipes estão a distância e quando saímos da nossa língua materna. É imperioso sermos cuidadosos ao escrever, pois o que é habitual para nós pode ter um significado diferente em outro país, em outro contexto – e fazer com que sejamos mal interpretados. Temos ainda os "falsos cognatos", ou seja, expressões ou palavras cuja semelhança fonética com outras em português parecem corresponder ao mesmo conceito, mas que, na verdade, têm um sentido diferente.

É o caso da palavra *interesting*, que parece significar o mesmo que "interessante". No entanto, em inglês, *interesting* significa também "curioso", "bizarro". Eu dizia muitas vezes *interesting*, porque achava mesmo interessante, mas estava longe de ser bem interpretada, e isso me causou algumas vergonhas.

Esse é apenas um exemplo dos vários desafios que as barreiras linguísticas representam, tornando-se necessário assegurar que o nosso interlocutor entenda corretamente o que queremos dizer.

Além da barreira linguística, não nos podemos esquecer, claro, da questão cultural, como vimos antes; quando trabalhamos com equipes internacionais, percebemos que há situações e expressões que para nós são habituais, mas que não são para outras culturas.

Compartilho mais um exemplo que ilustra bem o que quero dizer: enviei um e-mail em que pedia que o time fizesse determinada ação até o dia "X". Apesar de devermos evitar generalizações, eu já sabia de que país eram os colaboradores que respondiam e os que não respondiam. O colega espanhol era sempre muito rápido e certeiro, e estranhei não ter recebido qualquer resposta da sua parte. Então, com a melhor das intenções, enviei um segundo e-mail, em que escrevi apenas: *any news about this...?* ("alguma notícia sobre este assunto...?"). Mais tarde, recebi um telefonema do colega, que estava muito chateado, perguntando se eu tinha algum problema com ele. Estava zangadíssimo e queria saber se eu tinha birra com ele, pois o fato de eu ter colocado reticências na frase significava, no seu entender, que eu o achava incompetente. Não imaginava que simples reticências pudessem ofender alguém, mas a verdade é que ofenderam. Essa situação me mostrou que não é só a língua que pode ser uma barreira, mas também que, quando comunicamos por escrito, não há tom – ou seja, cada um lê à sua maneira, com o tom que lhe parecer. Para mim, quanto mais simples, melhor.

SHOT DE ENERGIA

A comunicação clara envolve a transmissão de uma mensagem honesta e direta, nunca esquecendo que o outro pode ter uma opinião ou expectativas diferentes da nossa.

Deixo um quadro com uma fórmula de comunicação direta que aprendi num curso e que tento usar sempre que possível...

A FÓRMULA DA COMUNICAÇÃO DIRETA = EXPLICAR + COMPREENDER + COMUNICAR + DISCO ARRANHADO + RESOLUÇÃO		
Componente	Detalhe	Exemplo
Explicar	Explique qual a sua posição	"Preciso que tenha a sua apresentação pronta amanhã para poder revê-la."
Compreender	Demonstre que compreende a posição do seu interlocutor	"Sei que está cheio de trabalho e que isto pode aumentar a pressão."
Comunicar	Comunique o que sente ao seu interlocutor	"O meu receio é que, caso não tenhamos isso pronto a tempo, o comercial não possa avançar."
Disco arranhado	Utilize a técnica do "disco arranhado" para afirmar a sua posição	"Sei que tem muito em mãos, mas preciso mesmo que isso seja prioritário." (Repetir)
Resolução	Trabalhe com o seu interlocutor de modo a chegarem a uma resolução	"Posso pedir ao X que ajude com o PowerPoint, se isso facilitar."

Fonte: RocheMartin EQ Smart Tips, Straightforwardness.

Role play

São várias as referências a Feldafing ao longo do livro porque, de fato, foi um período muito importante da minha vida, que marcou a minha forma de gestão.

Recordo-me de um curso que tivemos, e que pretendia mostrar que cada um de nós é único, que ninguém olha para a mesma situação de maneira idêntica. Nessa sessão, éramos confrontados com a simulação de uma situação real – *role play* –, e percebemos que, perante uma única situação, cada pessoa tirava conclusões diferentes: para uns, o chefe tinha sido generoso, para outros, agressivo; para uns, tinha sido justo, para outros, austero.

Recentemente, num curso de Advanced Management que fiz na AESE Business School, um caso foi apresentado por escrito, relatando uma conversa entre o colaborador e o seu chefe; verificamos que, após a leitura do caso, havia pessoas que achavam que o chefe fora muito compreensivo e outras que, pelo contrário, o consideravam intransigente. Estou cada vez mais convencida de que cada um tem a sua perspectiva, lentes próprias que utiliza para ver o mundo. E não é preciso haver diferenças culturais ou de *background*. Aconteceu em Feldafing e de novo em Lisboa. A gestão de equipes deve ter essa diversidade em consideração.

SHOT DE ENERGIA

Está realmente aberto à diferença? Quando gerimos equipes, temos de manter um constante registo do equilíbrio e trocas existentes. Esse "livro de contas" das relações dos times é vital para o bom relacionamento interpessoal, gerando um equilíbrio justo para todas as partes envolvidas. E no seu caso? Ao gerir as suas relações com colegas e membros da equipe, internacionais ou não, você tende a ficar mais do lado do crédito ou do débito?

CRÉDITOS	DÉBITOS
• Manter compromissos • *Feedback* construtivo • Elogiar • Pedir desculpa • Delegar • Adequar o comportamento • Aceitar o estilo do outro ...	• Quebrar compromissos/promessas • *Feedback* não construtivo • Crítica • Tentar mudar a personalidade do outro • Agir como se o outro fosse igual a mim • Não tolerar a diferença ...

> "O NOSSO OLHAR SOBRE AS COISAS É SEMPRE DIFERENTE DO OLHAR DO OUTRO."

CAPÍTULO 6
SOMOS MELHORES JUNTO AOS MELHORES

É gostoso sentir que dominamos determinado tema, mas, na realidade, essa confiança pode nos iludir. Quando achamos que somos os mais inteligentes de um grupo, não nos sentimos compelidos a evoluir.

O que me fascina no ambiente das grandes corporações é o fato de estarmos muitas vezes rodeados de pessoas brilhantes e inspiradoras.

Sempre que tive a oportunidade de fazer *benchmarking* (isto é, ir a congressos ou reuniões) internacional, assim que chegava aos encontros, sentia-me uma formiga. Olhava para os projetos ali, coisas megalomaníacas, e sentia um enorme desejo de querer estar ao mesmo nível – e isso me fez crescer.

Descobri, há muitos anos, que é bastante positivo estarmos rodeados de pessoas que são melhores que nós; isso vai nos nivelar por cima e nos incentivar a fazer mais e melhor. É bom nos sentirmos confortáveis e sermos bons nas nossas funções, mas é ainda mais rico estarmos com pessoas que sabem mais do que nós e que nos colocam questões às quais não sabemos responder, porque isso vai nos obrigar a procurar pelas respostas.

> **É muito bom nos sentirmos desafiados. Só assim podemos crescer.**

SEMANA DE ORIENTAÇÃO

Já comentei a *orientation week* da Siemens, mas gostaria de compartilhar um pouco mais acerca dessa experiência, desses encontros, em que gestores da área da Comunicação se juntavam na sede, na Alemanha, para um treinamento. Tínhamos uma agenda cheia, em que conhecíamos o presidente, os administradores, os responsáveis pelos diferentes setores, o que, além de nos elucidar sobre a estrutura da empresa, os seus valores e as várias áreas de atuação, mostrava também uma grande abertura, visto o presidente retirar uns minutos do seu dia para conversar com os colaboradores mais recentes.

Eu estava muito entusiasmada com a primeira viagem, com o treinamento e com a perspectiva de ir para Munique. Sentia-me importante. Mas quando cheguei lá e me vi rodeada de pessoas que moravam em cidades como Nova York e Londres, com extensos currículos e muita experiência de vida, me senti tão pequenininha. Ao regressar a Lisboa, tinha noção de que ainda precisava ralar muito para ser tão boa como aqueles com quem tinha estado em Munique.

Depois dessa experiência, estabeleci novas metas e objetivos: me obriguei a ver mais notícias, a ler o jornal ao fim de semana, em especial a área de economia, e a ler o caderno de Negócios todas as manhãs. Foi o momento em que constatei que ainda estava muito longe do lugar aonde queria chegar. Considerava-me uma boa profissional, mas ao estar ao lado dos colegas de todo o mundo, dei-me conta de que ainda havia (e há, sempre) muito a aprender.

DAR ASAS

Ao longo da minha carreira, tive chefes com perfis muito diferentes, uns melhores, outros piores, uns mais inspiradores, outros menos; mas é extraordinário quando o nosso caminho se cruza com alguém que nos inspira e que consegue trazer o melhor de nós.

Tive a sorte de começar na Emirec, onde cruzei com Pedro Dionísio, um guru do Marketing, muito inteligente, com quem tentei sempre estar no mesmo nível na conversa, para o acompanhar; tive o privilégio de ter João Tocha como meu chefe, ainda hoje uma das figuras mais conceituadas na área das Relações Públicas, que me impelia e me deixava errar para poder aprender; Adriano Eliseu, na Markimage, foi um dos primeiros a fazer eu me sentir especial – algum talento viu em mim, me puxava para cima e torcia pelo meu sucesso; Américo Guerreiro, da DDB, um chefe muito compenetrado e inspirador, que me fazia querer evoluir e saber mais...

Na Siemens, tive também uma grande escola: além de António Filipe, que confiava muito em mim, trabalhava com o CEO, Carlos Melo Ribeiro, que era muito duro e exigente, obrigando-nos a nos esforçar ao máximo, a tentarmos fazer tudo bem-feito, sem ignorar pormenores, e chamando-nos sempre a atenção para alguma questão que pudesse ser melhorada. Nunca o levei a mal, nem me senti ofendida ou transformei as suas críticas em frustração; pelo contrário, tentava sempre melhorar. Hoje em dia, sendo eu agora gestora de pessoas, sou também muito exigente e uma eterna insatisfeita, puxando minhas equipes, querendo que elas se superem. Como CEO, Carlos Melo Ribeiro incutiu-me a noção de que temos de trabalhar com o intuito de sermos os primeiros – e os melhores. Na Galp, Carlos Gomes da Silva ensinou-me que a audácia compensa. Fomentava, de forma controlada, a tomada de decisões arriscadas, sempre com o conforto que um CEO e chefe nos deve disponibilizar.

É claro, tive mais chefias, e algumas delas difíceis, com perfis diferentes, com quem foi complicado trabalhar; no entanto, apesar de algumas poderem ter sido experiências menos agradáveis, também com eles aprendi bastante. Podemos aprender com todos os chefes, mesmo com aqueles não tão bons – todos nos ensinam alguma coisa.

As chefias são extremamente importantes no mundo corporativo e determinantes em nossa carreira. As pessoas podem ficar muito entusiasmadas, porque vão trabalhar para a empresa X ou Y, mas tão ou mais importante é saber quem é que vai ser o chefe e qual o seu perfil.

SHOT DE ENERGIA

Uma das minhas maiores preocupações é ser uma boa líder.
Abaixo, deixo um dos exercícios que uso para me avaliar: se a minha equipe direta me avaliasse, que classificação me daria?

Avaliação dos membros da Equipe	Eu nota (de 1 a 5)	Pessoa 1 nota (de 1 a 5)	Pessoa 2 nota (de 1 a 5)	Pessoa 3 nota (de 1 a 5)	Pessoa 4 nota (de 1 a 5)	Pessoa 5 nota (de 1 a 5)
Liderar e decidir						
Apoiar e cooperar						
Interagir e apresentar						
Analisar e interpretar						
Criar e conceitualizar						
Organizar e executar						
Adaptar-se e tolerar						
Empreender e realizar						
Balanço emocional						

"UM BOM CHEFE ATRAI AS PESSOAS PARA TRABALHAR COM ELE; UM MAU CHEFE É RESPONSÁVEL PELA SAÍDA DE TALENTOS DE UMA EMPRESA."

MENTORIA

Os programas de mentoria são boas ferramentas de crescimento, pelo *networking* e pelas perspectivas que nos proporcionam.

Tive a oportunidade de ser mentorada pelo CEO da Siemens Bélgica, em um programa que existia na empresa. Era bastante nova no meu cargo de direção e toda a experiência foi simplesmente reveladora. Ele enviou-me um livro – *Os 7 hábitos das pessoas altamente eficazes*, de Stephen Covey –, e ficamos por um ano discutindo os seus capítulos. Um por um. Foi muito inspirador e um excelente exercício.

Mais tarde, fui mentora no programa da Professional Women Network, uma organização que criou uma comunidade de mulheres que exercem funções nos mais variados tipos de empresas, dando-lhes ferramentas para que elas possam desempenhar melhor as suas funções. Inclusive, essa organização acaba de comemorar uma década de existência. O objetivo é promover pontos de contato entre as mulheres, colocá-las para se comunicarem umas com as outras, para que tenham apoio e não se sintam sozinhas.[6]

Antes da situação pandêmica, a organização promovia sessões presenciais, várias vezes por ano, em grandes encontros, com oradores muito interessantes que eram convidados para compartilharem a sua experiência.

A associação tinha uma perspectiva muito valiosa, alicerçada nos cursos de formação oferecidos a quem fizesse parte da organização, quase sempre ligados a temas de gestão e de liderança, em geral e femininos. Um dos programas promovidos por essa organização é de mentoria, construído com base num ponto de vista particularmente interessante: o programa não está ligado à empresa a que o mentor ou o mentorado pertencem, o que dá muita liberdade a ambas as partes.[7]

---

6 Caso tenha curiosidade em saber mais sobre essa organização, visite www.pwnlisbon.net. Acessado em: 11 fev. 2023. [N.A.]

7 Nas grandes empresas, é comum haver esses programas de mentoria – a Siemens tinha um, assim como a Galp –, mas, como funcionam em âmbito interno, o espaço de manobra para mudar e crescer é limitado, uma vez que acabam por estar sujeitos ao ecossistema a que pertencem. [N.A.]

A força da mentoria

Depois de algumas sessões, a Vera, de quem eu fui mentora, fixou o seu objetivo geral: mudar de emprego para a área da Saúde. Fizemos um programa de um ano e, de sessão para sessão, fomos delineando objetivos muito concretos: primeiro, o que ela queria fazer, qual era o objetivo do processo (mudar de emprego); a segunda fase seria saber para onde, em que área, de que formação precisava para a mudança, qual o *networking* necessário. Acabamos nos tornando amigas após aquele ano. Quando terminamos, a Vera foi mãe e, pouco depois, mudou para a área que ela pretendia. Hoje, é uma brilhante colaboradora do Hospital da Luz.

Um fato curioso é que, geralmente, o foco está no aprendiz; no entanto, a mentoria é um processo igualmente rico para quem ensina. Ao longo de todo o percurso feito em conjunto, são inúmeras as lições que se retiram. É claro: o que se ganha desses processos é proporcional àquilo que se investe. Do mesmo modo, as condições devem estar reunidas para que se possa tirar partido da oportunidade. Por exemplo, na Galp, interrompi o meu processo de mentoria com um dos mentorados porque ele se deparou com um problema de saúde muito grave. O fato de me ter contado o que se passava, de ter compartilhado comigo a sua situação (que me marcou), demonstrou-me que estávamos no caminho certo.

É parte da minha natureza querer sempre fazer mais e melhor, por isso, gostaria de implementar esse processo ao contrário – ou seja, quem dá a mentoria é a pessoa mais nova, normalmente um jovem que acabou de sair da faculdade e recém-chegado à empresa. O objetivo é ensinar o mais velho a trabalhar com novas tecnologias, novos canais, dinâmicas e ferramentas que as gerações mais novas dominam. É essencial que as pessoas, mesmo as mais experientes, conheçam os avanços da tecnologia, para não ficarem à margem. Esse tipo de mentoria tem o nome de *reverse mentoring* e é uma maneira muito curiosa de se criar sinergia entre as várias gerações.

> "É FUNDAMENTAL TER AO REDOR DE NÓS PESSOAS BOAS QUE NOS LEVEM A QUESTIONAR E QUE NOS DEEM VONTADE DE FAZERMOS MAIS E MELHOR."

CAPÍTULO 7
QUEM SOMOS (SEM SERMOS NOSSOS CARGOS)

Nos dias atuais, quando se conhece alguém, depois de perguntarmos o nome e de onde é, a questão que inevitavelmente surge é: o que faz da vida? E lá vem o nosso título profissional. É por essas e outras que se torna difícil percebermos quem somos para além do que fazemos. Só quem passa por um período penoso de desemprego ou de baixa, ou por uma fase de empreendedorismo livre, é que nota essa grande distinção.

O que fazemos é um rótulo muito aconchegante. Quando esse rótulo não existe, as coisas podem se tornar desconfortáveis. Quem me fez despertar para essa questão de nos identificarmos com o nosso trabalho e a importância que os cargos têm para nós foi Denice Kronau, uma mulher fantástica que conheci numa conferência na Alemanha, em que ela era a anfitriã como *chief diversity officer*.

Denice Kronau me contou que, quando sofreu um *burnout* (ela escreveu *Falling in Love with Work: A Practical Guide to Igniting Your Passion for Your Career*[8], um livro muito interessante sobre o esgotamento no contexto empresarial, caso tenha curiosidade), se afastou do seu trabalho como diretora financeira para se recuperar. Certo dia, saiu à rua e encontrou uma pessoa conhecida que não via fazia muito tempo, que lhe perguntou automaticamente como estava, e Denice não sabia o que responder. Era como se, ao deixar o seu cargo, deixasse também de ter uma identidade – deixasse de saber quem era.

---

8 Em tradução livre: *Apaixonando-se pelo trabalho: um guia prático para acender sua paixão por sua carreira.* [N.E.]

O QUE FAÇO *VERSUS* O QUE SOU

Uma das coisas mais importantes a ter em mente, e pela qual trabalhar, é sabermos quem somos e quais são os valores que nos norteiam. Quando entramos em patamares mais públicos e em cargos com mais visibilidade, em que somos ouvidos e vistos, é fácil nos deixarmos deslumbrar. Nesses momentos, é fundamental termos os pés bem firmes à terra e continuarmos a ser a pessoa que éramos antes, com os mesmos valores e princípios. Os cargos são sempre temporários. Devemos tirar partido do sucesso e da ascensão, mas sem esquecer os valores e o que é importante para cada um de nós.

Sempre que, em contexto de terapia ou de ensino, me perguntam "quem você é", fico engasgada. Por onde começar? O meu cérebro está programado para ser racional e pertinente. Sou a Joana, bisneta, neta e filha de oficiais das Forças Armadas portuguesas. Mas a quem interessa essa informação? Tenho 46 anos, a minha cor favorita é o azul e o meu prato preferido são salsichas enroladas em couve. Mas... ninguém quer saber. O resultado é usarmos de maneira automática a parte profissional como máscara e arma imediata; mas, convenhamos, a Joana do trabalho, a Joana profissional, é a mesma que se levanta de manhã e fica rabugenta porque dormiu mal ou porque a roupa está apertada.

Quem somos e o que fazemos estão conectados, mas é importante lembrar que não são tudo o que somos. O meu currículo pode incluir cargos sonantes em empresas respeitadas, mas eu sou *muito mais* do que isso.

A Publicidade e a Comunicação sempre me atraíram (um dos meus divertimentos enquanto pequena era criar catálogos de moda com base nos folhetos da boneca Nancy que recebia em casa). Mais tarde, tentava adivinhar pelo som quais eram os anúncios que passavam na televisão, interesse nada comum entre meus três irmãos: o mais velho, muito racional e estudioso (hoje, professor e pesquisador), o do meio, muito sonhador e tecnológico (hoje, nos ramos da segurança e cibersegurança), e o meu irmão mais novo, que me destronou do lugar de destaque da prole (fato que nunca perdoei), um rapaz encantador e excelente contador de histórias (hoje, jornalista esportivo).

Este foi o meu início de vida: a única menina, ou seja, a princesa. O meu pai, oficial do exército, impunha o respeito de modo firme, delegando na minha mãe a tarefa do equilíbrio do lar, algo que ela sempre manobrou com maestria. Tive a sorte de crescer num meio familiar que me apoiou até hoje, em que nada me faltou nem me foi dado de mão beijada, no qual aprendi a fazer valer os meus pontos de vista para poder desenvolvê-los a ser diferente e a tirar partido disso mesmo. Aprendi a não depender de terceiros, mas a nunca deixar ninguém para trás, a respeitar os valores da civilidade e da solidariedade, a cultivar as minhas paixões e a vivê-las.

Quando ia chorar no ombro do meu pai, independentemente da razão, a pergunta de praxe era: já fez todo o possível para resolver a questão? Essa pergunta ficou para a minha vida: devo me concentrar no que está ao meu alcance e, a partir daí, fazer tudo o que posso. E isso serve para as várias Joanas que sou.

O PODER DO *NETWORKING*

Se há coisa que cresce conosco e nos define, é a nossa rede de contatos. Família, amigos, escola, trabalho, esportes... Todas as pessoas que vamos conhecendo ao longo da nossa vida, com quem já cruzamos, que nos marcaram de alguma forma. Essa lista de pessoas (maior ou menor) é quase como uma identidade social que nos acompanha.

A capacidade de gerir bem as nossas redes de contatos é uma competência importante que devemos aprender.

O psicólogo americano Stanley Milgram desenvolveu um programa, em 1967, a que chamou "The Small World Problem"[9], que defende que estamos apenas a seis pessoas de distância de qualquer outra, num *networking* que envolve o mundo inteiro. Estatisticamente, quer dizer que para criarmos uma relação, necessitamos de 50 horas para irmos do apenas conhecido a amigo ocasional; de 90 horas para passarmos de amigo ocasional a amigo comum; e de 200 horas para evoluir do simples amigo ao verdadeiro

---

9 Em tradução livre, *O problema do pequeno mundo*. [N.E.]

amigo (aquele a quem nos ligamos com laços verdadeiramente fortes e profundos).

Num curso que fiz há pouco tempo – *Women on Boards* –, participamos de um exercício prático para validar essa teoria. De uma lista de nomes aleatórios (Durão Barroso, Justin Timberlake, Joana Vasconcelos etc.), chegamos à conclusão de que conseguíamos encontrar o telefone ou e-mail dessas pessoas apenas através dos conhecimentos que tínhamos entre nós (família, ex-colegas de escola, amigos dos pais, contatos profissionais, mães dos amigos dos filhos...); ou seja, todas as pessoas que estão na nossa "rede" são – ou poderão ser – importantes para alcançarmos algum objetivo.

Por mais poderosa que essa rede de contatos possa ser, pouca gente sabe como trabalhá-la da melhor maneira possível, pois quantidade não significa qualidade. Não é por ter mais de 5.000 amigos nas redes sociais que está sendo feito um *networking* apropriado.

Todos temos o nosso *network* pessoal formado, e muitos o seu *network* operacional (aqueles que nos ajudam a executar), mas poucas vezes olhamos para o nosso *network* estratégico, aquele que poderá ser o suporte para desafios futuros.

O verdadeiro *networking* está baseado em relações de troca, no qual não podemos focar apenas os benefícios que obtemos, mas também o que podemos oferecer. E é essa diversidade que faz toda a diferença. É no dar que se recebe.

SHOT DE ENERGIA
Consegue distinguir a sua agenda ocupada da vida preenchida que você ambiciona?

> "SOMOS MAIS IMPORTANTES DO QUE JULGAMOS. TUDO O QUE FAZEMOS TEM INFLUÊNCIA NOS OUTROS. HÁ SEMPRE ALGUÉM QUE NOS INSPIRA E SE DEIXA INSPIRAR POR NÓS."

CAPÍTULO 8
NUNCA É A HORA CERTA

Nunca fez parte dos meus planos ir morar fora do país, pois não queria ficar longe dos meus pais. Não me refiro a temporadas de alguns meses, que cheguei a ficar, mas me mudar para o outro lado do mundo por tempo indefinido. Sei que, enquanto tiver os meus pais vivos, nunca será a hora certa, porque quero viver perto e poder estar presente na vida deles e tê-los na minha. Do mesmo modo, há oportunidades de trabalho que nos obrigam a entrar em território novo, deixando para trás o conforto da rotina conhecida; ou a vontade de constituir uma família em oposição à falta de tempo, aos planos para uma carreira. A vida, como sabemos, é feita de escolhas e, por muito que custe, escolher significa sempre renunciar a alguma coisa.

GRAVIDEZ NÃO É DOENÇA

Hoje em dia, a gravidez já começa a não ser considerada pelas empresas como um assunto *tabu*, e tenho cruzado com exemplos bastante positivos de promoções de mulheres durante sua gravidez ou iniciando novos trabalhos nessa fase das suas vidas. Paralelamente, existem empresas que tentam até encontrar soluções para que as "mães" se sintam acompanhadas. Na Galp, existem vagas de estacionamento exclusivas; na Siemens, disponibilizam salas de amamentação. Ou seja, ser mãe não deve ser considerado um entrave para a mulher, nem a pode penalizar no decorrer da sua carreira.

A questão da hora certa para pensar na maternidade, por si só, dava um livro. No meu caso, só comecei a tentar engravidar aos 37 anos, já tarde, e a Natureza não me permitiu. Nunca fui muito maternal, e ter filhos não era o sonho da minha vida, mas, apesar de tudo, queria ser mãe, achava que fazia sentido no contexto familiar que estava formando com o meu marido.

Como sou determinada, tentamos durante quatro anos, passando por várias clínicas, até que cheguei à conclusão de que tinha recebido todos os sinais de que não devia ter filhos biológicos.

O passo seguinte?

Tínhamos feito tudo o que estava ao nosso alcance e decidimos que não valia a pena insistir. Ainda assim, não tinha desistido de ser mãe e de formar uma família. Foi quando entramos no capítulo da adoção. Seguiram-se três anos de um processo duríssimo, que, para mim, foi ainda mais difícil do que concluir que não podia ter filhos biológicos. E acredite que essa tomada de consciência já não tinha sido nada fácil.

Até decidirmos adotar, não fazia ideia dos trâmites que teríamos de percorrer para receber uma criança. E são tantos. E tão duros. Não é só o processo em si; é o fato de sermos confrontados com os nossos preconceitos, alguns que nem sabíamos ter. Quando chegamos à parte em que temos a lista para assinalar que criança queremos receber, questionamos: será que quero uma criança doente? Não me importo que ela seja mais crescida?

A vida me levou por outros caminhos, e acabei não indo para a frente com o processo, mas é crucial que as mulheres que querem ter filhos entendam que adiar uns anos pode significar adiar para sempre, porque antes de tentarmos engravidar nunca sabemos como é que o nosso corpo vai reagir. E se há mulheres que engravidam com muita facilidade, é sabido que a idade não só dificulta como traz outras complicações à gravidez. Há coisas que não são adiáveis, e a maternidade é uma delas. Não sou um caso único e mesmo no meu grupo de amigas e conhecidas há muitas mulheres que não foram mães por razões clínicas decorrentes da idade, porque começaram a tentar tarde.

Um ponto relevante nesta reflexão é que as mulheres não têm de querer ser mães, há muitas que optam consciente e intencionalmente por não ser, mas as que querem têm de tomar consciência de que não existe um momento ideal e que, a certa altura, poderá ser tarde demais.

Nunca se terá as condições financeiras, nem o tempo desejado, ou mesmo o melhor cargo no trabalho,

sequer tem-se a casa certa... portanto, se estamos à espera do momento ideal, não acontecerá.

Essas questões, no entanto, não se aplicam em exclusivo às mães. Cada vez mais se fala em parentalidade responsável, e não apenas em maternidade, porque os homens também querem fazer parte da vida dos filhos. Martim foi um dos casos que acompanhei. Quando foi pai, optou pela licença parental inicial de 120 dias, partilhada com Joana (sua mulher), para poderem se beneficiar de 30 dias extras. A mãe ficou em casa nos primeiros 42 dias após o parto, respeitando o período obrigatório definido por lei, após o qual optou por ficar mais 48 dias com o bebê. Decorridos esses 90 dias (42 + 48 tirados por Joana), foi a vez de o pai gozar o seu tempo de licença-paternidade. Tirou 30 dias consecutivos, concluindo assim os 120 dias a que tinham direito inicialmente. Uma vez que puderam se beneficiar desses 30 dias extras, optaram por dividir o período que restava, sendo que Joana ficou os 15 dias seguintes em casa, e Martim, os últimos 15, totalizando os 150 dias a que tinham direito.

Depois da pergunta "o que você faz?", surge, para a mulher, a pergunta: "e filhos?". Porque é esperado que, depois de determinada idade, sejamos todas mães. Mas isso nem sempre é verdade – e eu respondo logo com a carta da saúde: "a natureza não colaborou" –, mas é muitas vezes constrangedor para quem responde e para quem pergunta. É um tema delicado e deixo aqui o alerta.

A HORA CERTA PARA AGARRAR A OPORTUNIDADE

Há oportunidades que só aparecem uma vez na vida. É importantíssimo termos a capacidade de perceber quando essas ocasiões ocorrem, que aquela conversa, convite ou encontro com a pessoa X é um momento que pode mudar a nossa vida. Há épocas em que parece que tudo se interliga, em que uma simples mudança da empresa X para a empresa Y é o gatilho para uma grande virada na nossa vida.

A Siemens certa vez me convidou para liderar a Comunicação da subsidiária na Austrália, o que era um sinal inequívoco de que a minha vida iria ser completamente diferente a partir daí; mas a verdade é que existem outras situações, que não parecem trazer grandes mudanças, e que acabam por ser fundamentais para agarrar algo mais à frente. É crucial conseguirmos identificar quais são e segurá-las. O caso da minha entrada para a Siemens é um bom exemplo. Trabalhava já havia alguns anos com Publicidade, e em determinado momento pensei que me faltava passar para o lado do cliente, para ter uma experiência 360 do mundo da Comunicação. Entrei na Siemens para trabalhar o segmento dos celulares no mercado português, exatamente no ano em que foram vendidos. Você leu certo – *vendidos*. Então, o que eu iria fazer? Demonstraram-me que a empresa era muito mais do que celulares ou eletrodomésticos – é um conglomerado tecnológico que atua em várias áreas, entre as quais a mobilidade (trens, sinalização, sistemas de tráfego), a gestão de edifícios (eficiência energética, domótica AVAC), a indústria (processos automatizados, drives), a energia (redes inteligentes, cidades inteligentes) ou a saúde. Tudo corporativo e *business-to-business* (B2B). Foi uma virada de 180 graus. Até hoje, orgulho-me do fato de ter encarado o desafio e de não ter fugido no momento em que se revelou ser algo diferente daquilo que inicialmente esperava.

Com o passar do tempo, foram-me dando coisas diferentes para fazer, nomeadamente gerir equipes do Sudeste Europeu e da Alemanha, além de experiências profissionais nos Estados Unidos. Foram momentos únicos de aprendizagem, que só tive porque a minha decisão foi ficar. Ao aceitar o desafio, tive a possibilidade de ir mais longe, foi o que catalisou minha experiência no exterior e que fez com que eu pudesse dar o passo seguinte. Quando me procuraram para o cargo que exerci na Galp, foi essencialmente porque queriam alguém que ajudasse a trazer cultura, regras e metodologias de empresa internacional. Tudo se conjugava.

SHOT DE ENERGIA

Nem sempre nos tocamos da verdadeira dimensão da oportunidade que temos diante de nós. É fundamental percebermos se, por trás dessa decisão, está o verdadeiro salto da nossa carreira — e se temos o que precisamos:

• Autoconhecimento • Aptidões cognitivas • Personalidade • Competências • Ambição • Interesses • Valores • Experiência	• Formação • Motivação • Idade • Oportunidades • Condicionantes • Balanço financeiro • Localização/mobilidade

O DEVER ANTES DO PRAZER

Esse é um ensinamento que herdei do meu pai. Primeiro, tenho de cumprir as minhas obrigações, só depois é que posso me permitir descansar ou fazer o que me apetece. Essa é uma das regras pelas quais conduzo a minha vida, desde as coisas mais cotidianas até os assuntos mais importantes. Quando chego em casa, depois de uma viagem, a primeira coisa que faço é desfazer a mala, pôr a roupa suja para lavar e, só depois de arrumar tudo, é que me sento e desfruto do regresso. Se tenho um trabalho para acabar, ou tarefas que preciso concluir, não deixo no meio para ir jantar. Prefiro jantar calmamente uma hora mais tarde, já com o trabalho concluído e terminado. Não sei se essa característica é uma vantagem ou uma desvantagem, mas sinto que assim organizo melhor o meu tempo e a minha disponibilidade.

Há um vídeo muito interessante que mostra o almirante William H. McRaven[10] discursando perante os finalistas da Universidade do Texas, na cerimônia de encerramento do ano escolar. O discurso inicia com ele recomendando aos alunos que comecem o dia arrumando a cama: pode ser chato, mas, além de ficar logo feita, a primeira tarefa do dia foi bem-sucedida, começando a jornada com uma prova conquistada. Faz com que tenhamos a sensação de dever cumprido, contribuindo para que o resto do dia seja imbuído de um espírito positivo. Se, ao final da tarde, o dia tiver sido péssimo, se tudo tiver corrido mal, o pior que pode acontecer é chegarmos em casa e acabarmos deitados numa cama bem-feita – e isso é confortável e positivo.

Priorizar o trabalho e separá-lo do lazer me permite ser mais focada. Quando estou trabalhando, estou trabalhando; quando estou com os meus amigos, família ou namorado, estou 100% com eles.

---

10 Disponível em: https://www.youtube.com/watch?v=KgzLzbd-zT4. Acesso em: 10 jan. 2023.

A REGRA DOS 5 SEGUNDOS: 5-4-3-2-1

A equipe criativa de uma agência com quem a Galp trabalhou ofereceu-me o livro *A regra dos 5 segundos*. Entre outras coisas, o livro mostra que, ainda que nos custe, se há algo que temos mesmo de fazer, a melhor solução é adotar a regra dos 5 segundos: fazermos para nós a contagem decrescente e, quando chegarmos ao 1, o nosso cérebro já estará predisposto para agir, e tudo parece muito mais fácil.

Isso aplica-se a situações tão simples, como, por exemplo, estar numa reunião e termos uma pergunta ou comentário para colocar, mas não nos sentirmos confiantes, seja porque o nosso inglês não é fluente ou porque não temos a certeza se é relevante. Se aplicarmos a regra dos cinco segundos e começarmos a fazer a contagem decrescente para dentro, 5, 4, 3, 2, 1, a pergunta ou o comentário vai sair mais facilmente.

Pode soar estranho para quem nunca ouviu falar disso, mas posso garantir por experiência própria que essa técnica traz resultados. O primeiro passo para a ação é dado interiormente, e quando chegamos ao 1, não há como voltar para trás.

SHOT DE ENERGIA

Vamos experimentar a regra dos 5 segundos? Hoje, coloque o despertador na hora certa e levante-se logo. Sinta a diferença.

Por que é que faz diferença? Se o despertador toca, e eu, em vez de me levantar logo na hora que preciso, aperto o botão da soneca, os dez minutos extras que fiquei na cama vão estragar o meu dia: se tivesse levantado assim que o despertador tocou, teria me sentido satisfeita, porque, apesar de ter sido difícil, teria obtido êxito. Durante o resto do dia, me sentiria mais positiva, com a sensação de que consigo fazer as coisas por mais que elas me custem.

Parece insignificante, mas, por vezes, são os pequenos comportamentos que ditam a nossa disposição para o dia, pois representam como é que queremos encarar as situações que surgem.

Quando for hora de agir, faça a sua contagem decrescente: 5, 4, 3, 2, 1 — e atire-se naquilo que tem de fazer! Não dê ao seu cérebro a possibilidade de desistir.

"ESPERAR PELOS MOMENTOS CERTOS PODE SIGNIFICAR DEIXAR ESCAPAR OPORTUNIDADES."

CAPÍTULO 9
SE NÃO ESTABELECERMOS OS NOSSOS OBJETIVOS, OS OUTROS ASSIM FARÃO POR NÓS

Percebi cedo que as nossas decisões condicionam o passo seguinte. Por vezes, nem nos damos conta do processo de causa/efeito por detrás de muito do que nos acontece. Um(a) namorado(a) mais desligado(a) faz com que a nossa relação seguinte seja provavelmente com o oposto, mais doce – nossa tendência é valorizar o que não temos. No trabalho acontece o mesmo. À medida que fui crescendo profissionalmente, ambicionei sempre desafios diferentes: uma agência maior, um cliente mais interessante, uma empresa grande, uma empresa nacional, uma função internacional...

Para não me perder nesse caminho, foi inevitável refletir e tentar perceber o que me move; e essa reflexão não foi apenas essencial para me recentralizar – serviu também para acelerar em algumas etapas.

SHOT DE ENERGIA

Fazer um plano de carreira (em curto prazo) ajuda a perceber até que ponto as nossas ações estão em consonância com o objetivo pretendido. Fui algumas vezes surpreendida pelo desgaste de tempo que dedicava a coisas que faziam muito pouco sentido para o meu futuro.

```
┌─────────────────────────────────┐
│ Objetivo de carreira: para onde │
│ quero ir? Quando?               │
└─────────────────────────────────┘
        ┌──────────────────────────────────┐
        │ Que competências tenho? Em que   │
        │ contextos serei mais bem-sucedida?│
        └──────────────────────────────────┘
┌─────────────────────────────────┐
│ O que preciso de desenvolver?   │
│ Como? Onde? Com quem?           │
└─────────────────────────────────┘
        ┌──────────────────────────────────┐
        │ Que outras esferas da vida preciso│
        │ conciliar com a carreira?         │
        └──────────────────────────────────┘
┌─────────────────────────────────┐
│ O que vou fazer nos próximos 3 me-│
│ ses? E em 6 meses? E em 1 ano?  │
└─────────────────────────────────┘
```

TER TEMPO PARA PENSAR NO FUTURO

Para nos dedicarmos a essas reflexões é importante termos tempo, e eu tenho plena noção de que andamos sobrecarregados com o dia a dia, com pouca disponibilidade para os nossos compromissos diários, tanto que é difícil arranjar espaço para mais esses temas.

Mas se não o fizermos, saberemos aonde vamos parar? Se não preenchermos a agenda com coisas importantes para nós, outros vão preenchê-la com as prioridades deles.

Compartilho aqui algumas das minhas ferramentas preferidas para conseguir gerir melhor o dia a dia, deixando o meu cérebro livre para se dedicar a outras coisas.

LISTA DE TAREFAS

É essencial planejarmos os dias e as semanas para que possamos distinguir o que é importante do que é urgente. As listas ajudam.

Quando comecei a trabalhar, adorava fazer listas – à medida que ia cumprindo as tarefas, riscá-las e marcá-las como concluídas dava-me um prazer enorme. Na verdade, continuo assim. Para mim, é algo que me dá uma sensação de concretização.

Além das listas, uso ferramentas digitais, em que tenho tudo mapeado – o que é importante e precisa ser terminado durante esta semana, o que pode esperar até o fim do mês – e os muitos lembretes no calendário relacionados com questões operacionais (por exemplo, os planos estratégicos estão numa lista diferente da das reuniões operacionais, para, na minha cabeça, conseguir distinguir o que é importante do que é funcional). É muito comum tratarmos tudo por igual, com a mesma rapidez e o mesmo nível de urgência, mas não pode ser assim – há assuntos inadiáveis que têm de ser resolvidos de imediato.

Com a minha equipe, na Galp, tínhamos reuniões trimestrais para alinharmos o que queríamos ter concretizado e terminado no fim do trimestre seguinte; independentemente dos milhares de assuntos que pudessem surgir no dia a dia, aqueles temas teriam de estar tratados e encaminhados.

Temos de aprender a controlar o rolo compressor corporativo. Podemos ter dez coisas definidas para resolver num determinado dia, mas as solicitações inesperadas, as urgências alheias e as reuniões extraordinárias que surgem fazem com que cheguemos ao fim do dia de trabalho com as mesmas dez coisas por fazer; e isso nos traz uma sensação de insucesso permanente. Se uma pessoa passa o dia em reuniões, não tem tempo para fazer o que precisa. É fundamental garantirmos que, assim como há tempo para os assuntos corriqueiros, há tempo para pensar, para ler, para estudar, assistir a conferências – é isso que garante que, depois, a execução do trabalho seja a melhor possível.

Por outro lado, saber o tempo que as coisas demoram para serem feitas permite-nos planejar melhor as atividades. Ao priorizar as tarefas, conseguimos identificar aquelas que, pelo tempo que demoram, podem ser tratadas em primeiro lugar, sem grande pressa, adiantando trabalho para a frente. É frequente não pegarmos nos assuntos por ainda não estarem preparados ou por termos outros em mãos; mas, depois, quando é preciso agir, o tempo é curto. No entanto, se já tivesse sido desenvolvido, ao chegar o momento de avançar já não se partiria do zero, pois existiria trabalho previamente feito, as pessoas já estariam envolvidas. Tudo ficaria mais fácil.

É PRECISO SABER DIZER NÃO

Há muitos cursos sobre esse tema, e alguns são de grande utilidade, pois é fundamental saber dizer não sem sentir culpa.

É difícil dizer "não", porque não queremos passar a ideia de que não estamos colaborando; a negociação do "não", todavia, é extremamente importante na gestão da nossa eficiência no trabalho.

No dia a dia, o mais frequente é nos sentirmos sobrecarregados por todas as pequenas coisas que não param de surgir; o resultado é, uma vez mais, acabarmos sem tempo para o que é realmente importante. Tudo isso acontece porque não conseguimos dizer não; mas esse "não" pode significar simplesmente um "não" agora: *neste momento, não posso tratar desse assunto, mas daqui a duas semanas já posso – é possível esperar esse tempo?*

Se puder aguardar, perfeito, e fica logo marcado na agenda; se não puder esperar, a solução é tratar imediatamente do problema, afinal, ele passa a ser urgente.

GESTÃO DO TEMPO

O cenário mais comum: está agendada uma reunião de dez minutos, mas temos vinte tópicos para tratar – a tendência é querermos falar dos vinte tópicos em dez minutos; mas, sejamos francos, não vai resultar em algo bom. Se o tempo é curto para tudo o que se quer falar, é necessário escolher dois ou três tópicos mais urgentes, que podem ser bem trabalhados e debatidos, e agendar uma nova reunião para discutir os temas restantes. Se decidirmos ignorar as limitações de tempo e abordar todos os tópicos, o mais provável é que fiquemos imediatamente estressados: não vamos ser capazes de expor as situações de maneira adequada, vamos apressar os assuntos, explicá-los mal, atropelar ideias e temas. Não é produtivo. Não vale a pena. É determinante adequarmos o que temos de fazer ao tempo que temos disponível; e, falando em reuniões, para melhor fazer essa gestão de tempo é fundamental aprender a fazer o *pitch*.

PITCH

Usa-se o termo *pitch* para descrever uma apresentação rápida sobre uma ideia, um produto ou um serviço. Notei em algumas ocasiões que as pessoas não são ensinadas e treinadas para fazer bons *pitches*, perdendo-se em detalhes e formulações que, por vezes, resultam no oposto do pretendido.

Saber fazer um *pitch* é algo que se treina. No fundo, resume-se a trabalhar a nossa capacidade de análise, de conseguirmos identificar rapidamente quais os três ou quatro pontos essenciais da ideia que se quer apresentar, sem esquecer os parâmetros da pessoa que vai ouvir (ou seja, devemos colocar-nos na posição dela).

SHOT DE ENERGIA
O que não pode faltar no *pitch*:

1. Mostrar paixão pelo tópico;
2. Reunir dados e fatos;
3. Compreender as necessidades de quem está ouvindo;
4. Ser conciso e ir direto ao ponto essencial (os índices de atenção estão cada vez mais curtos);
5. Não utilizar muitos *slides*;
6. Incluir frases-chave;
7. Apresentar a equipe;
8. Ter atenção aos detalhes;
9. Praticar, pois a prática leva à perfeição.

SABER ESCREVER E-MAILS

O e-mail deve ser a oficialização de uma conversa, e não espaço para se debaterem temas ou assuntos, em que um escreve, os outros respondem, os anteriores voltam a responder, depois há mais uma resposta... Rapidamente, as coisas se tornam confusas e o foco se perde. Podemos reunir presencialmente ou on-line, conversar e discutir, mas o e-mail serve para que haja um registo escrito do que foi combinado.

Essa economia passa também pela própria estrutura do e-mail. Por experiência pessoal, diria que as características imediatas principais são:

- Ser direto, claro e conciso.
- Ter o raciocínio organizado, com início, meio e fim, sem erros.
- Evitar pontuação excessiva.

Além desses pontos, convém também não nos esquecermos de alguns outros detalhes importantes.

Assunto

Não deixar o assunto em branco. Isso obriga o destinatário a abrir o e-mail, mesmo que não seja o melhor momento, pois não é perceptível se o assunto é urgente ou pode esperar. É fundamental usar a linha do assunto para descrever claramente o tema (além de que, mais tarde, será mais fácil localizar o e-mail, se for necessário); mas há mais a ser feito, além de uma descrição cuidadosa.

Facilita muito a comunicação se, no assunto, for também escrito o que se pretende (não precisa de resposta; apenas para dar conhecimento; necessita de resposta até o dia X). Assim, o destinatário sabe imediatamente o que precisa fazer.

Dá mais trabalho a quem escreve o e-mail? Dá – mas também leva à criação de e-mails de raiz, evitando os *reply* e os *forward*, que podem originar alguns problemas de comunicação e fazer com que o fio condutor se perca (tantas vezes respondidos e reencaminhados que o assunto já nada tem relação com o inicial; resultado: as conversas ficam perdidas, impossíveis de localizar mais tarde).

Respirar fundo

Quando os temas são quentes, não responda no mesmo dia. Você pode escrever um rascunho de resposta a um assunto difícil, ainda com as emoções à flor da pele, mas não o envie de imediato e releia o texto no dia seguinte, para poder analisá-lo: *ainda é isso que pretendo dizer?* Umas vezes, será; outras, não. Altere o que for preciso e envie um e-mail ponderado, em vez de uma reação emotiva, que pode alimentar uma discussão desnecessária.

O que está escrito perdura – por ficar registado, o seu peso é muito maior do que quando é dito.

Agradecer

Agradecer às pessoas é muito importante para que se sintam valorizadas e reconhecidas pelo seu trabalho e dedicação. É fácil, na correria do dia a dia, esquecer de dizer "obrigada(o)".

A questão do reconhecimento começa com esse passo aparentemente tão simples, que é agradecer a quem trabalha conosco, e, no entanto, é extraordinariamente importante. O elogio é crucial para quem gere equipes – alguém que é reconhecido confirma que suas atuação e presença foram notadas, sente-se valorizado e motivado –, devendo ser implementadas práticas para que se torne algo habitual.

Sistematizo alguns exemplos que nos podem inspirar a ir mais além na prática do reconhecimento consciente:

SHOT DE ENERGIA
1. Reconhecimento em reuniões individuais: esse contato, quando frequente e atento, ajuda a estabelecer relações de confiança;
2. Reconhecimento público: pode ser dado em equipe, com toda a organização, ou por meio de uma comunicação ampla;
3. Oportunidades de desenvolvimento: aposte em experiências de desenvolvimento, como um novo projeto, um curso ou, até, uma promoção, sinais de valorização do colaborador;
4. Hábito diário: a prática de gestos de reconhecimento e apreciação, tais como elogiar, recordar as características únicas e o papel diferenciador de cada um na equipe, celebrar os anos de casa, uma nota escrita à mão ou uma mensagem em um dia importante, podem fazer a diferença no dia de alguém.

É essencial agradecermos e valorizarmos o trabalho de quem está conosco.

LEVAR O EXERCÍCIO A SÉRIO

Quando estamos muito ansiosos e nos sentimos engolidos pelas tarefas e obrigações do dia a dia, é fácil cairmos num estilo de vida pouco saudável: almoços rápidos e com baixo valor nutricional, jantares tardios e muito calóricos, negligência quanto à prática de exercício físico, tudo justificado pela "falta de tempo".

O sedentarismo, aliado a uma alimentação incorreta, é muito prejudicial em termos físicos e mentais.

Há uns anos, numa conferência, ouvi António Horta Osório, economista, professor e banqueiro português, dizer que acreditava que uma das coisas que tinham contribuído para ter vivido uma situação de *burnout* fora a falta de exercício físico. António Horta Osório falou publicamente sobre a importância de quebrar o tabu dos problemas mentais em ambientes de trabalho de alto estresse, defendendo uma liderança atenta a esses problemas. Horta Osório passou a jogar tênis todos os dias, mesmo que pouco tempo; fazia uma pausa, tinha a sua aula e regressava ao trabalho, descansado por, durante esse período, ter se concentrado no esporte e desligado das preocupações. Essa alteração fez uma enorme diferença na sua vida e no seu bem-estar.

O *burnout*, como sabemos, pode ter origem em fatores de ordem pessoal, mas está comumente relacionado com fontes de estresse inerentes à atividade profissional e a fatores organizacionais (uma maior competitividade no local de trabalho, pressão inadequada em virtude do desajustamento nas funções atribuídas, sobrecarga de tarefas, alterações violentas no horário de trabalho ou porque a própria atividade exercida é muito intensa e sujeita a riscos. O mau ambiente no trabalho entre colegas e chefias pode também potencializar o aparecimento dessa síndrome).

Tanto no caso de Horta Osório como no de Denice Kronau, o *burnout* – que provocou a crise, seja ela de saúde, seja de identidade – serviu também como gancho para a sua análise de valores e objetivos de vida.

Não podemos descuidar do exercício físico. Não pode ser opcional. Deve ser levado a sério e fazer parte do cotidiano, para que não nos falte o mais importante: a saúde física e mental.

ESTABELECER LIMITES

É preciso garantir que, sem agressividade e de forma sutil, os nossos limites sejam respeitados. Por exemplo, se nos telefonarem com uma questão de trabalho às 23h, não é preciso frisarmos que é incômodo ligarem a essa hora: basta não atender a chamada e retornar no dia seguinte.

Não existe qualquer problema se alguém da minha equipe tiver de sair todos os dias às 17h para ir buscar os filhos à escola, mas eu preciso estar informada sobre esse fato, sabendo que aquela pessoa não está disponível àquela hora; caso contrário, posso marcar reuniões ou outros compromissos para esse horário e causar ansiedade desnecessária. Muitas vezes, as pessoas não comunicam nem estabelecem as suas fronteiras, preferindo ficar caladas à espera de que o outro perceba; mas afirmo que é muito mais simples para quem está gerindo uma equipe se essas questões forem faladas abertamente e de forma objetiva. Tenho noção de que as pessoas não pedem porque têm medo de uma resposta negativa, mas eu acredito que é sempre possível chegar a um meio-termo.

Em determinada altura em que a minha equipe me disse que o nosso grupo de WhatsApp era ótimo, mas que alguns se sentiam obrigados a responder quando recebiam uma notificação num sábado à tarde, com uma imagem ou uma ideia para uma campanha, o que era para ser algo positivo tornava-se uma pressão.

Essas pessoas podiam até sair do grupo, que não era obrigatório, mas a verdade é que ninguém o fez, com receio de se sentir excluído, optando antes por desligar as notificações ao fim de semana. Falamos abertamente sobre o assunto, identificando e trazendo à luz a questão. E o que era um problema deixou de o ser.

CALENDÁRIO

Eu preciso sentir que tenho o controle sobre o meu dia e sobre o meu calendário. Faço questão de gerir bem a minha agenda para garantir que sei o que tenho de fazer para cumprir os meus objetivos diários.

Costumo brincar que o meu calendário conta a história da minha vida, porque, de fato, aponto tudo e crio lembretes para não deixar escapar nada: reuniões, jantares com os pais, festas de amigas, aniversários, telefonemas… Há uns anos, tive um namorado que, numa das primeiras vezes em que saímos, ficou ofendido porque, depois de termos combinado ir ao cinema, lhe mandei um *invite* confirmando. Ele achou estranhíssimo eu precisar marcar o nosso programa na agenda, mas a verdade é que tudo o que eu tenho planejado está lá anotado.

Além disso, como eu sou um pouco desligada, uso o calendário para me ajudar a ser mais empática. Se alguém me diz que a mãe ou o filho está doente, eu me preocupo e simpatizo com a situação, mas, passado um tempo, o mais provável é que me esqueça. Não faço por mal, ou porque não me interesse, mas como tenho tanta coisa para gerir, esqueço-me facilmente das coisas que não me dizem diretamente respeito. Por isso, esses assuntos também vão para o calendário, para que eu não me esqueça de perguntar a este ou àquele colaborador pela saúde da mãe ou do filho.

Essas foram as estratégias que adotei para garantir que tenho tudo sob controle e, assim, consiga também ter tempo para me dedicar aos exercícios. Existem, certamente, outras. O que importa é que cada um descubra as que melhor se adéquam em seu caso, para ter a certeza de que se lembre do que é importante para você e para os que o rodeiam.

> "NÓS TEMOS DE GERIR O NOSSO TEMPO, E NÃO O TEMPO GERIR A NÓS."

CAPÍTULO 10
A IMPORTÂNCIA DE SERMOS NÓS MESMOS

O tema da autoestima e a percepção que temos do nosso próprio crescimento é muito importante para que tenhamos a confiança necessária para nos mantermos ativos no mercado de trabalho.

Uma pessoa que não esteja confiante das suas capacidades e das suas competências, e que duvide de si própria, é mais suscetível de levar a mal as críticas que lhe são feitas, principalmente em início de carreira. Sente-se sempre julgada e atacada, e não consegue encarar a crítica como algo que a ajuda a crescer e a fazer mais e melhor.

Vou dar um exemplo prático para explicar melhor o que pretendo dizer. Um colaborador escreve um e-mail com todo o cuidado e envia para o seu chefe para aprovação, mas a resposta contém inúmeras emendas e pedidos de alterações. Quem tem uma boa autoestima e é curioso olhará para as emendas e anotará o que precisa fazer de maneira diferente da próxima vez, de modo a ir ao encontro do que é pretendido; uma pessoa com pouca confiança, por sua vez, ficará frustrada, sentirá que nunca faz nada bem e que o chefe não gosta do seu trabalho. Essa atitude é muito pouco saudável e fará com que se entre numa espiral de negatividade, acabando por ser engolido pela dinâmica da empresa.

Em um curso que tive há algum tempo, uma situação muito curiosa me fez despertar para esse tema. Dividiram-nos em pequenos grupos e explicaram o exercício que tínhamos de fazer. O meu grupo começou a trabalhar de determinada maneira, seguindo o meu raciocínio, mas, passado algum tempo, percebi que os outros estavam resolvendo de modo diferente. Assumi de imediato que tinha sido eu a perceber mal as indicações, levando o meu grupo por um caminho errado.

Fui falar com o orientador e lhe disse que tinha entendido errado o exercício. A sua pergunta imediata foi: por que razão eu partia desse pressuposto? Por que é que, ao notar que os outros estavam fazendo as coisas de maneira diferente, tinha duvidado do meu raciocínio? Apanhada de surpresa, fiquei sem saber o que dizer. "Por que é que não levantou a hipótese de que os outros é que estavam errados?", questionou ele. Fiquei na dúvida, mas a conclusão era muito simples: falta de confiança.

Se é verdade que o perfil de cada um influencia a maneira de estar e de encarar as situações, também é verdade que tudo se trabalha e que é crucial reforçar a autoestima, fomentando um espírito crítico positivo.

Temos de conhecer os nossos pontos fortes e os nossos pontos fracos para ganharmos consciência e confiança em quem somos.

Para ajudar nesses processos de autoconhecimento, existem inúmeros testes que nos fazem conhecer o perfil comportamental profissional de cada um.

Quanto maior for o conhecimento que tivermos de nós próprios, mais ferramentas teremos para lidar com as situações.

Compartilho aqui alguns testes que ajudam – e muito.

TIPOLOGIA DE MYERS-BRIGGS

Dos vários tipos de testes e métodos de avaliação, utilizei este para aferir algumas questões importantes com a minha equipe. É um instrumento utilizado para identificar características e preferências pessoais.

Desenvolvido por Katharine Briggs e sua filha Isabel Myers, em 1917, e atualizado na década de 1980, a partir das ideias de Carl Jung sobre tipos psicológicos, o MBTI avalia as pessoas em dezesseis tipos de personalidades, agrupadas em quatro blocos de letras, segundo as características a seguir:

- **Extroversão (E)/Introversão (I):** os extrovertidos têm mais facilidade para falar e interagir com as outras pessoas, enquanto os introvertidos preferem a reflexão e a privacidade.

- **Sensoriais (S)/Intuitivos (N):** os indivíduos do primeiro tipo valorizam o sentir, preferindo trabalhar num ambiente em que as coisas obedecem a um padrão e são apresentadas de maneira ordenada. Os intuitivos preferem um ambiente no qual possam exercer a imaginação e a criatividade.
- **Thinking (T)/Feeling (F):** os que acompanham o pensamento (*thinking*) ou a reflexão são mais objetivos e racionais, e costumam decidir de maneira estruturada e sem emoções, ao passo que as pessoas do tipo sentimento (*feeling*) privilegiam as sensações e as emoções.
- **Julgadores (J)/Perceptivos (P):** os primeiros destacam-se quando a informação é estruturada e motivam-se ao realizar ações e cumprir tarefas; os do segundo grupo sentem-se motivados quando são estimulados para apresentar novas ideias.

Fiz o exercício a seguir com toda a minha equipe e descobrimos muitos e diferentes perfis (o que justificava alguns atritos entre colegas). Durante algum tempo, andamos com *pins* que identificavam o nosso perfil, de modo a estarmos atentos quando lidávamos uns com os outros.

SHOT DE ENERGIA
Se tivesse o seu *pin*, qual seria? Eu sou _____

	NF Valorizar	POSSÍVEL			NT Visionar
PESSOAL	ENFJ Professor	INFJ Conselheiro	INTJ Cérebro	ENTJ Polícia	LÓGICO
	ENFP Campeão	INFP Curandeiro	INTP Arquiteto	ENTP Inventor	
	ESFP Performer	ISFP Compositor	ISTP Operador	ESTP Promotor	
	ESFJ Provedor	ISFJ Protetor	ISTJ Inspetor	ESTJ Supervisor	
	SF Relacionar	PRESENTE			ST Direcionar

Você pode fazer o teste em: https://www.16personalities.com/

Método DiSC

Disponível em: https://www.discprofile.com/what-is-disc. Acesso em: 12 fev. 2023.

Amigável e intuitivo, o perfil DiSC (*Disc Assessment*) é uma das mais populares e versáteis ferramentas de desenvolvimento pessoal, usada em empresas em todo o mundo para traçar o perfil psicológico dos colaboradores. O teste DiSC é uma ferramenta de autoconhecimento que permite a cada um saber mais sobre os seus pontos fortes e quais características devem ser melhoradas para se ter sucesso nos âmbitos profissional e pessoal.

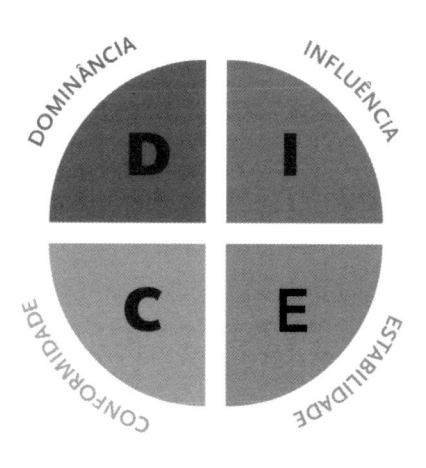

Método Adapt

Disponível em: https://focus.kornferry.com/leadership-and-talent/introducing-a-new-breed-of-future-ready-leaders/. Acesso em: 12 fev. 2023.

Também utilizei este teste, o que me permitiu detectar alguns pontos de melhoria numa fase embrionária da minha carreira:

ANTECIPAÇÃO	Oferecem clareza quando o ambiente corporativo é volátil e ambíguo, quando não é claro com quem se está competindo ou o que poderá perturbar o andamento normal dos planos.
DRIVE (VONTADE)	Dão energia às pessoas ao se mostrarem sempre prontos a abandonar rotinas antigas e a aprenderem coisas novas, de modo a poderem aventurar-se com confiança em territórios desconhecidos.
ACELERAÇÃO	Por meio da agilização dos processos, gerem o fluxo de conhecimento para obterem os resultados pretendidos.
PARCERIA	Agregam outros recursos quando não têm o domínio total. Criam e lideram uma organização repartida e não hierárquica quando a estrutura e respectivos limites começam a enfraquecer, e onde a interdependência entre parceiros for voluntária e transitória.
TRUST (CONFIANÇA)	Quando a organização se torna heterogênea, garantem o compromisso das pessoas com os objetivos comuns, tendo sempre em consideração seus valores e preferências. Constroem relações profissionais voltadas para o crescimento mútuo, que ajudem as pessoas a cumprirem os seus propósitos.

Método LSI

Disponível em: https://www.psychological-assessments.com/leadership-style-test/. Acesso em: 12 fev. 2023.

O Método LSI (*Leadership Style Inventory*) é um teste psicométrico de trinta minutos que avalia o desempenho de um líder. Foi concebido para medir o estilo único de liderança dos atuais gestores, executivos e outros tipos de líderes organizacionais. O teste centra-se na maneira como o líder age, pensa e sente no contexto da sua posição. Esse teste também pode ser utilizado para potenciais candidatos que progridam para uma posição de liderança superior.

Descrição dos estilos valorizados

Conquista	A necessidade de atingir resultados de alta qualidade em projetos desafiantes; acreditar que os resultados estão mais ligados ao esforço feito do que ao acaso, e a tendência para estabelecer objetivos difíceis, mas realistas.
Autorrealização	Necessidade de crescimento pessoal, de atingir objetivos próprios e de utilizar todo o seu potencial.
Humanista-encorajador	Interesse no crescimento humano e desenvolvimento pessoal das pessoas, respeito e consideração por elas e sensibilidade perante as suas necessidades.
Agregador	Interesse no desenvolvimento e manutenção de relações agradáveis.
Aprovação	Necessidade de aceitação e tendência por conectar o valor próprio a ela.
Convencional	Preocupação em estar conformado e em "não se destacar", de modo a não chamar as atenções para si.
Dependente	Necessidade de se proteger, aliada à crença de que uma pessoa tem pouco controle direto ou pessoal sobre acontecimentos importantes.
Evitar	Apreensão, uma forte necessidade de se proteger e uma propensão a se recolher quando confrontado com situações difíceis.

Confrontador	Uma necessidade de segurança que se traduz num modo questionador, crítico e até cínico.
Poder	Necessidade de prestígio e influência, e a tendência para avaliar o seu valor próprio com base no controle sobre os outros.
Competitivo	Necessidade de afirmação do seu estatuto pessoal por meio da comparação com outros, da vitória sobre eles e da aparente ausência de derrotas.
Perfeccionista	Necessidade de obter resultados perfeitos e de evitar a falha; tendência para avaliar o seu valor próprio com base em padrões de sucesso excessivamente elevados.

Método SCARF (*Status, Certainty, Autonomy, Relatedness, Fairness*)

Disponível em: https://theglr.org/wp-content/uploads/2019/04/scarf.pdf. Acesso em: 12 fev. 2023.

Esse método permitiu que eu me conhecesse melhor, além de que avaliasse as minhas interações com terceiros.

S	**C**	**A**	**R**	**F**
Status	Certeza (*Certainty*)	Autonomia (*Autonomy*)	Ligação (*Relatedness*)	Justiça (*Fairness*)
Importância relativa das pessoas.	Capacidade de prever o futuro. Qual o nosso grau de certeza?	Autopercepção do controle que exercemos sobre o nosso ambiente.	Interrelações e sentimento de pertencimento.	Percepção acerca do modo como se é tratado justamente: nós e os outros.
Tenho valor.	Sei onde me encontro ou o que vai acontecer.	Tenho escolha.	Pertenço.	Sou tratado com justiça, assim como os outros.
O que devo considerar? Como posso garantir que eles sabem que são valorizados?	Como posso demonstrar objetivamente onde me encontro e o que vai acontecer?	Como posso dar-lhes algum espaço de opinião ou escolha?	Como posso fazê-los sentir que são parte da equipe?	Pensando em todas as perspectivas, estou lidando de modo justo?

IT'S JUST BUSINESS

Voltando ao exemplo do e-mail que vem com as correções do chefe, o ponto-chave não é ignorar as críticas – é ter a confiança suficiente para olhar para elas de maneira construtiva, e não como um ataque pessoal.

Isso me leva a outro aspecto também importante e que as pessoas têm de interiorizar: *it's just business*, ou seja, é o trabalho que está em jogo, não a pessoa.

Quando alguém nos devolve um texto porque está errado, não sou *eu* que estou errada, é o texto que não cumpre o propósito.

> *It's just business.*
> **É o trabalho que está em jogo, não a pessoa.**

É também preciso ter atenção, no entanto, quando somos nós a criticar o trabalho de um colega. No meu caso, por exemplo, optei por não enviar correções de apresentações no mesmo dia em que as recebo. E por quê? Porque a pessoa passou dias trabalhando no documento, deu tudo o que tinha, e se eu enviar uma resposta dez minutos depois de ter recebido o material, as hipóteses de ela achar que eu não dei a atenção necessária a ele são grandes. Não agi sempre assim: como não gosto de ter assuntos pendentes (incomoda-me ter e-mails não lidos) e porque sou rápida, por vezes devolvia as coisas nos minutos seguintes, após uma leitura atenta, mas célere. Notei que era frequentemente mal interpretada pelo outro lado, o que deixava as pessoas frustradas e sentindo que eu não lhes tinha dedicado o tempo suficiente. Atualmente, mesmo que continue trabalhando do mesmo modo, resolvendo os assuntos à medida que chegam, e por estar atenta às dinâmicas humanas dentro da equipe, tento esperar pelo dia seguinte para responder com alterações e/ou sugestões.

SABER LIDAR COM A CRÍTICA

Pessoalmente, lido bem com a crítica. Talvez por ser filha de um militar e por nunca ter sido habituada a elogios. Adoro quando me elogiam, é claro, mas não preciso disso para validar o meu trabalho. A minha experiência na Siemens ajudou-me a trabalhar ainda mais essa questão. Melo Ribeiro nunca estava satisfeito; mas não era por uma questão de capricho ou de implicância – apenas porque havia sempre algo a melhorar.

Era um profissional muito atento ao detalhe, assim como eu também me tornei, mas, no início, ficava nervosíssima porque, apesar de ter dado 100% para garantir que nada falharia, no final tinha de dar a mão à palmatória – havia sempre um pequeno detalhe que me tinha escapado. Para algumas pessoas, isso poderia ter sido muito frustrante, mas para mim era um incentivo, um empurrão para me levar a ser melhor. Assim, ao fim de algum tempo, quando me chamava a atenção, a minha preocupação passou a ser: *como é que eu não pensei nisso? Da próxima vez, não vou me esquecer.*

Recordo-me de um evento que organizamos, quando a Siemens era patrocinadora de uma escola de vela. A apresentação aos jornalistas foi preparada pela minha equipe até o mais ínfimo detalhe, e não havia qualquer falha à vista, desde o dia, que estava lindo e cheio de sol, passando pelos brindes, os discursos, a comida e a decoração do espaço, que estava perfeita, com a nossa marca em grande destaque. No final, sentia-me muito satisfeita e com a sensação de que não havia nada a apontar. Fui falar com o CEO, para saber qual era a sua opinião, uma vez que fazia sempre questão de ter o seu *feedback*; e foi quando ele comentou que as camisas não eram 100% de algodão. Como é que eu tinha deixado escapar isso? Uma vez mais, ele tinha razão.

Lembro-me ainda de outra situação que vivi, pouco tempo antes de sair da Siemens, e que está relacionada com um grande encontro que realizamos e que juntou, em Portugal, os CEOs de todas as Siemens do Sudeste Europeu. Esse evento foi elogiadíssimo por toda a organização, tendo envolvido níveis de segurança elevadíssimos e uma enorme complexidade (jantar de gala no Palácio Nacional da Ajuda com o Presidente da República e espetáculo da Mariza; programas paralelos para as mulheres dos CEOs, entre outros). Correu tudo muito bem e, no final, o melhor elogio que recebi foi Carlos Melo Ribeiro não ter comentado o que fosse – significava que não tínhamos falhado. Para algumas pessoas, podia ser desencorajador (houve quem se ofendeu), mas, para mim, era por isso mesmo que estávamos de parabéns.

Cada um é como é, e não podemos deixar que a falta de autoestima nos afete. Temos de assumir quem somos, de nos conhecer bem, de trabalhar as nossas fraquezas e valorizar os nossos pontos fortes – e seguir em frente, dando sempre o melhor de nós.

O nosso autoconhecimento e a nossa autoestima são essenciais para tudo na vida. Para o ambiente corporativo e empresarial, ainda mais. Com essa variável bem trabalhada, estamos preparados para crescer e nos desenvolvermos, mantendo a nossa identidade.

Há cerca de oito anos, em um treinamento de protocolo empresarial e boas maneiras, alguém afirmou que era de mau tom destoar, ou seja, se o código de indumentária fosse formal, seria errado usar roupa de academia; na ocasião, todos concordaram, mas é curioso reparar como hoje em dia as coisas são diferentes. A atual vice-presidente dos Estados Unidos, Kamala Harris, veste-se de maneira bastante formal, mas calça sapatilhas. Nesse curso, Angela Merkel foi referida como uma mulher radical em termos de vestuário e de apresentação, algo que nunca me tinha ocorrido até aquele momento; se repararmos, a chanceler alemã usa sempre casacos de cor. Merkel rompeu com o que estava convencionado: até ela aparecer, as mulheres não passavam do azul-escuro e do cinza, camuflando-se entre a maioria masculina. Para se destacar e manter a sua identidade, a chanceler começou a usar casacos de variadas cores, do vermelho ao cor-de-rosa. Eram os "novos tempos".

SHOT DE ENERGIA
FAÇA VALER O NOSSO PONTO

E com tanta informação sobre nós, não há desculpas para não colocarmos em prática um plano de melhoria e de ação em prol da nossa carreira. No meu caso, comecei por aqui:

SWOT Liderança

Pontos fortes	Pontos fracos
Oportunidades	Ameaças

"A FALTA DE CONFIANÇA É LIMITANTE E TORNA-SE TÓXICA PARA A PESSOA QUE DUVIDA DE SI, COM MEDO, E ACABA ENTRANDO NUM CÍRCULO VICIOSO DE NEGATIVIDADE."

CAPÍTULO 11
NÃO TENHA MEDO DE SAIR DA ZONA DE CONFORTO

O peso da rotina pode ser avassalador, acabando por nos engolir num padrão difícil de fugir; mas muitos receiam a mudança, porque é impossível saber se será para melhor. O futuro é uma incógnita, mas sairmos da zona de conforto, nos desafiar (nem que seja em aspectos tão prosaicos como mudar o percurso que fazemos de carro todos os dias para ir trabalhar ou ir buscar as crianças na escola, experimentar ir beber um café em outro lugar, escolher uma mesa diferente no escritório, ir a um supermercado novo), é muito importante para o nosso crescimento. A rotina inquebrável pode ser confortável, mas acaba por ser limitante.

Para dar nota do quão a sério levo esse tema, saiba que tento me sentar à mesa para jantar sempre em lugares diferentes. Essa coisa do lugar marcado, no meu mundo, não existe. Sempre que me lembro, mudo.

É certo: evitar rotinas é uma coisa, fazer mudanças de vida é outra. E sim, tanto podem correr bem como muito mal. É assustador – mas, ao mesmo tempo, inebriante.

OS IMPREVISTOS DESAGRADÁVEIS

Compartilho aqui uma mudança que fiz na minha vida, intencionalmente, e que não correu bem. Foi já há muito tempo, ainda nos meus primeiros anos de trabalho. Eu queria ter um carro da empresa – naquele momento, a minha definição de sucesso passava por isso –, então decidi sair da empresa onde estava feliz, a Markimage, para ir para uma agência pequena, mas que pagava melhor e me dava a possibilidade de ter o tão desejado carro.

Mudei de empresa e, ao fim de pouco tempo, compreendi que a agência e o trabalho não tinham nenhuma afinidade com o meu perfil ou com os meus objetivos. De início, fiquei frustrada e nervosa: tinha saído de uma grande agência e sentia que estava definhando numa empresa com a qual não me identificava, fazendo um trabalho que não me realizava... Tinha de agir e mudar.

Com a minha rede de colegas da faculdade e amigos, soube que havia uma pessoa prestes a tirar uma licença-maternidade em outra agência de publicidade, a DDB, e precisavam substituí-la temporariamente. Fui à entrevista e convidaram-me para ficar. Ia ser só por uns meses, mas estava certa de que iriam gostar do meu trabalho e que acabariam por me contratar.

Os meses passaram depressa e, ao contrário do que tinha idealizado, quando a licença-maternidade acabou e a outra pessoa regressou, precisei sair. Foi um choque para mim. Um verdadeiro balde de água fria. Custou-me acreditar que iam me dispensar depois de eu ter feito um trabalho sempre tão elogiado. Lembro-me, até hoje, de a minha chefe ter me chamado para me dar a notícia. Na época, senti que não me tinham "escolhido", o que, para uma perfeccionista como eu, foi muito duro de aceitar. O sentimento de ser preterida é dos mais dolorosos e difíceis de encaixar. Além disso, parar para perceber o que aconteceu, o que isso provocou em nós, termos de nos reinventar com um pé em muitas expectativas e o outro em poucas certezas, é um processo extenuante. Felizmente, a diretora, que apesar de querer que eu ficasse, não tinha lugar para mim, apoiou-me: recomendou-me para duas ótimas agências. Graças a isso, entrei diretamente na Publicis.

O sucesso não se dá sem evolução nem sem mudança.

Por que compartilho isso neste livro? Porque, ao longo da nossa vida profissional, é garantido que vamos passar por decepções. Faz parte da caminhada; mas não podemos nos agarrar ao medo de mudar. É preciso arriscar e dar o salto.

Por exemplo, quando agarrei o desafio da Galp, o projeto era apaixonante e completamente alinhado com o meu conceito de sucesso. Ajudar uma empresa portuguesa a atingir uma cultura de multinacional, trabalhando a marca de modo consistente nos vários países onde atua, fazia parte do meu conceito de *dream job*. No entanto, por mudanças estruturais na empresa, este desafio foi substituído por outros, muito menos relevantes e pertinentes, na minha perspectiva. A desilusão foi grande e pesada.

A incerteza do que vem a seguir pode nos bloquear. É certo que nunca sabemos 100% o que vamos encontrar; mas isso também faz parte da magia da vida. Até porque, mesmo quando corre mal, não é o fim do mundo; a única coisa a fazer é aprendermos a levantar-nos e seguir em frente. O mais importante é garantir que o que não corre tão bem não é uma trava para o que queremos fazer, para o sucesso que querermos alcançar. O que não corre bem é o que vulgarmente chamamos de "acidentes de percurso". Acontecem nas melhores caminhadas. Acima de tudo, não podemos desistir. São esses percalços que nos fazem crescer, avançar, repensar e aferir o que é importante. A toxicidade desses processos, a maneira como lidamos com a situação, conosco e com os outros, a coragem com que enfrentamos o desconhecido, são os ingredientes para o futuro diante de nós e que pode ser a nossa maior e melhor oportunidade de mudar nossa vida.

Durante esses momentos, esforcei-me para pensar em mim, nas minhas capacidades e características profissionais, e de um modo diferente do que fazia até então. Como em tudo, é crucial olhar para a conjuntura como um projeto com várias fases, e para todas as etapas ter uma lista de "tarefas" com resultados concretos, que nos levem a sentir que estamos avançando:

- Gerir a equipe.
- Gerir os colegas.
- Contar aos amigos e família.
- Gerir o ecossistema corporativo.
- Preparar uma narrativa consistente.

No meu caso, a "tarefa" mais dura foi encontrar o equilíbrio em mim mesma. Não era apenas o medo do desconhecido que me deixava desconfortável; era também o medo por estar sentindo-me bem com a situação. Essa grande oportunidade de crescimento podia transformar-se num passo muito errado na minha carreira – como era possível sentir-me entusiasmada com o desconhecido? A verdade é que não há outra hipótese. Depois de decidir, é deixar fluir. E, com tempo, tudo se encaixa.

DEIXAR FLUIR – PARA A MAGIA ACONTECER

A nossa carreira não é só influenciada pelo nosso trabalho e evolução profissional; acredito que o meu percurso foi sendo também definido pelo que ia acontecendo no âmbito pessoal.

Apesar de me considerar uma maníaca por controle, tenho noção de que, em grande parte, a vida me foi levando. Quando surgiu a oportunidade da Sonaecom para ir para o Porto, aceitei sem hesitar, pois, além de ser um cargo e um setor que me agradavam, estava me separando, tinha de mudar de casa – e era indiferente para mim para qual cidade ir. Foi uma experiência muito maluca. Senti quase como se tivesse mudado de país, apesar de ser uma distância tão curta. O fato de estar num lugar em que não conhecia ninguém, onde não tinha raízes e podia ser quem eu quisesse, me fez perceber que eu podia me reinventar.

Os colegas passaram a ser amigos, havia sempre um amigo que tinha outro amigo, e eu comecei a frequentar constantemente jantares nos quais conheci muita gente. Não fiz propriamente amigos novos, mas o fato de estar num lugar novo me deu uma sensação de "segunda vida" muito interessante. Voltei a sentir um pouco isso quando fui para os Estados Unidos durante alguns meses. Foi uma experiência curta, mas quando cheguei a Iselin, uma vez mais ninguém me conhecia e eu podia reinventar-me. Estar num local em que não temos nenhuma pessoa como referência tem um lado que pode ser um pouco angustiante, pode dar alguma sensação de solidão e de insegurança, mas ao mesmo tempo é libertador e inebriante.

Uma das coisas mais bonitas da vida é que, façamos o que fizermos, quem somos é determinado pelas experiências boas e más que vivemos. Afinal, somos sempre a mesma e única pessoa.

As mudanças não têm de acontecer de um dia para o outro, mas costumo dizer que começam quando colocamos "as energias para se mexerem". É um pouco como o amor: sabemos que começou quando houve aquele primeiro olhar. No trabalho, é igual. O processo de mudança começa quando percebemos que vamos sair. Até o fazer, por vezes demora, mas a verdade é que já pusemos "as energias para se moverem" nesse sentido.

NEGATIVIDADE NO TRABALHO

As mudanças em âmbito pessoal não são simples, mas, nas empresas, o procedimento não é mais fácil. A minha experiência de reformular a equipe do Gabinete de Comunicação da Galp e de transformá-la numa Direção de Marketing e Comunicação foi um processo muito complexo. Demorou mais de um ano e envolveu muitas pessoas, o que demandou paciência, persistência e muitas conversas e negociações.

Há momentos bons, em que parece que estamos chegando a algum lugar, mas há outros terríveis, em que sentimos que não avançamos, que não conseguimos implementar a mudança que gostaríamos.

Para atingirmos o nosso propósito, é indispensável identificar o que o está travando, quem ou quais são os elementos da equipe que resistem às alterações. Apesar de ser um trabalho duro e lento, é muito gratificante, e o resultado final é recompensador – são essas mudanças que nos permitem ter a equipe alinhada, orientada e focada nos objetivos comuns.

É muito fácil cairmos em ambientes tóxicos de forma completamente inconsciente. Imagine que mudamos de função, ambicionando algo mais; mas ao concretizar a mudança, esta revela-se completamente diferente do que tínhamos imaginado. Numa situação dessas, podemos ficar desmotivados, perder a perspectiva e convencermo-nos de que somos os únicos com razão, que os outros estão errados, e acabarmos por entrar numa espiral de negatividade que contamina tudo o que está à nossa volta. Lidar com as decepções no trabalho é um dos principais desafios que se colocam na possibilidade de abraçar a carreira e fazer um caminho construtivo para o sucesso. Se nos deixamos derrotar por essas decepções, começamos a estagnar, a implicar, a remar contra a maré – e é aqui que se começa a entrar num círculo vicioso de toxicidade, alimentado pela insegurança, pela desmotivação e pela frustração. A pessoa, por si só, passa a questionar tudo e todos, sente-se deprimida, perde o apetite, deixa de conseguir dormir, ou seja, conjugam-se todos os ingredientes para uma mistura explosiva que leva a depressões, cada vez mais comuns nos nossos dias.

É preciso dar formação às pessoas para que saibam lidar com as frustrações e com as decepções profissionais. Uma vez que é certo que vão acontecer, o que fará a diferença é a maneira como as encaramos: aprendermos algo com a experiência e nos tornarmos mais resistentes e preparados ou, por outro lado, ficarmos de tal modo frustrados e inseguros que não conseguimos ver a luz no fim do túnel.

É positivo quando as empresas estão alinhadas com os colaboradores e os valorizam, quando os ajudam a crescer, quando os louvam por atingirem os objetivos; mas não é somente nos momentos positivos que a empresa deve dar esse apoio. É necessário que o faça nos momentos menos felizes, quando ocorre um erro, por exemplo. Foi o que aconteceu com o caso #Mariana do Continente, em maio de 2021. Por engano, ao fazer um piloto de programação, a Mariana enviou uma mensagem para muitos clientes do

Cartão Continente dizendo: "Teste Mariana. Recebeu?". A empresa podia ter se limitado a mandar uma mensagem pedindo desculpa pelo lapso, mas brilhantemente agarrou esse "erro" e fez uma publicação sobre o tema no LinkedIn e nas outras redes sociais. Os clientes ficaram confusos, mas simpatizaram com a #Mariana (quem é que nunca errou?) e o engano tornou-se motivo de orgulho de uma cultura corporativa. Muitas outras marcas se aliaram à #Mariana e entraram para a brincadeira, resultando em publicações com mais de 17 mil curtidas no Facebook e centenas de comentários no Twitter.

As decepções estão sempre fundamentadas nas expectativas.

Ou a pessoa deixa de ter expectativas, o que é muito triste, de sonhar e de ter ambição, o que não é opção; ou alimenta as suas expectativas, foca o que está ao seu alcance e o que pode mudar, e prepara-se para a possibilidade de as coisas não ocorrerem como gostaria, aceitando e gerindo o que a vida lhe oferecer.

"*PARA TODO GAME OVER, EXISTE UM PLAY AGAIN.*"

CAPÍTULO 12
ME DÊ O QUE EU PRECISO E DAREI O QUE VOCÊ PRECISA

Se há uma constante ao longo deste livro, é a ideia de que tudo na nossa vida é uma negociação, um jogo baseado na comunicação, nas relações, nos interesses, em opções, legitimidades e compromissos.

Na nossa vida pessoal e profissional, o modo como enfrentamos essa negociação está muito ligado ao nosso *mindset*, à maneira como encaramos a vida no geral, como reagimos ao que nos acontece. Ao tropeçar numa pedra, posso reagir de duas maneiras distintas: irritar-me com a pedra que estava no caminho ou aceitar que estava distraída e por isso não vi a pedra.

A questão que se coloca é: qual é o meu *mindset*? Sou a vítima, e os outros é que têm a culpa, ou, pelo contrário, sou a protagonista da minha vida: as situações criadas dependem das minhas escolhas?

Independentemente do que aconteceu ser bom ou ruim, é importante nos concentrarmos naquilo que depende de nós – a maneira como reagimos, como crescemos com a situação, como aprendemos a não repetir o erro. Essa atitude determina, em última instância, o modo como encaramos a vida.

Ao agarrarmos as rédeas da vida, assumimos o controle. É certo que há situações que fogem da nossa alçada, mas mesmo nesses casos podemos escolher como lidamos com elas e como reagimos. Deixo, em seguida, algumas áreas em que me foi útil trabalhar, tendo em vista um maior sentimento de controle sobre elas.

LINGUAGEM CORPORAL

A linguagem não verbal é de extrema importância em todas as atividades interpessoais, sejam conversas, reuniões ou apresentações. É fundamental conseguirmos ler a pessoa com quem estamos falando e que nos rodeia. Observar atentamente a linguagem corporal do nosso interlocutor permite-nos perceber se ele está aceitando ou não as nossas ideias. Por exemplo, não é bom sinal se ele estiver de braços cruzados; as pernas cruzadas, por outro lado, podem significar que está desconfiado. Deveremos ter sempre em mente esses sinais mudos – por vezes, inconscientes – oferecidos por quem temos diante de nós. Mais do que tudo, são um excelente mapa pelo qual podemos guiar a nossa interação.

10 DICAS SOBRE LINGUAGEM CORPORAL que podem ajudar na sua próxima conversa ou apresentação	
1	Se quiser ter mais confiança durante a sua próxima apresentação, abra o peito e os braços e mantenha as costas retas. Essa posição vai ajudar você a respirar melhor e a se sentir mais descontraído.
2	Para que o seu público se sinta mais confortável, basta que sorria. O sorriso é a nossa arma mais poderosa.
3	Para captar a atenção das pessoas, gesticule com os braços e mãos de modo natural, procure o olhar delas. As pessoas tendem a prestar atenção e gostar de quem as olha nos olhos.

4	Se quiser demonstrar autoridade, mantenha-se calmo e utilize gestos curtos e decididos. Isso fará com que as pessoas sintam confiança no que você diz e que o vejam como alguém seguro.
5	De modo a trazer algum movimento à sua apresentação, utilize o espaço à sua volta; dê alguns passos. Por exemplo, se a sua apresentação tiver três pontos, mova-se dois ou três passos, acompanhando a transição para o ponto seguinte.
6	Varie os gestos de mãos, braços ou cabeça durante a sua apresentação: isso fará com que o seu público se mantenha atento.
7	Se quiser que a atenção do seu público se dirija para um determinado detalhe da apresentação, aponte e olhe diretamente para lá. As pessoas seguirão o seu olhar e gesto.
8	De modo a encorajar a participação das pessoas, utilize gestos largos e caminhe ao redor ou na direção delas.
9	Antes de responder a uma questão difícil, faça uma pausa e respire calmamente. Isso lhe dará tempo para pensar e responder à pergunta, olhando o seu interlocutor nos olhos.
10	Gestos positivos, tal como concordar com a cabeça, gestos amplos ou sorrir vão ajudar você a fazer com que o seu público simpatize e aceite melhor a sua posição ou proposta.

MINDSET FIXO E DE CRESCIMENTO

Existem dois tipos de *mindset*: o fixo e o de crescimento.

O *mindset* fixo pode ser resumido numa frase simples: achar que se sabe muito sobre um tema, aprendendo muito pouco com os outros. As pessoas com tal atitude mental acreditam que as coisas são como são e não há muito o que ser feito – o sucesso e o fracasso são fruto do acaso. Por exemplo, se determinada pessoa é um talento musical, isso se deve ao fato de ter nascido assim, e não graças ao seu trabalho e dedicação. As pessoas com um *mindset* fixo não valorizam o esforço, já que veem os resultados como algo dependente de elementos externos, como o "talento". É uma atitude que mantém as pessoas dentro da sua zona de conforto, já que alimenta uma tendência para evitar o desconhecido ou se arriscar a novas experiências. Um exemplo: se faço um bolo de chocolate há anos e sempre fica bom, seguindo a minha receita de sempre, haverá motivo para ouvir sugestões de outras pessoas ou de seguir receitas diferentes? Não preciso;

é esse o bolo que sei fazer e não vou mudar, correndo o risco de não dar certo.

Do lado oposto, encontra-se o *mindset* de crescimento, no qual há uma predisposição para a aprendizagem, para o risco ao novo. Esse tipo de *mindset* nos permite encarar os obstáculos como oportunidades de aprendizagem e de crescimento. As pessoas com *mindset* de crescimento acreditam que a inteligência, os dotes musicais, físicos ou artísticos, assim como qualquer outra qualidade, dependem do trabalho, do esforço e do empenho – e não tanto de um talento inato. Essa atitude mental nos dá a liberdade necessária para procurarmos novas soluções e novos caminhos. O erro faz parte do processo; não é um bloqueio. Voltando ao exemplo do bolo de chocolate: a minha receita é boa, não há dúvidas em relação a isso, mas se ouvir uma nova receita, posso experimentar segui-la e, quem sabe, o bolo ficará ainda melhor – só o saberei, todavia, se experimentar, se arriscar.

SHOT DE ENERGIA
Com qual *mindset* você se identifica mais?

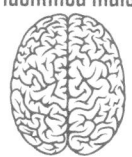

MINDSET FIXO	*MINDSET* DE CRESCIMENTO
Acredita que a inteligência e os "talentos" são inatos.	Acredita no desenvolvimento da inteligência e dos "talentos".
Tem dificuldade em ver as suas próprias limitações.	Procura aprender mais para superar as limitações.
Evita os desafios com medo de revelar as suas fraquezas.	Abraça os desafios e encara os erros como parte do processo de aprendizagem.
Desiste facilmente.	
Não acredita que o esforço e o trabalho podem originar mudanças.	É perseverante e não desiste na primeira dificuldade.
Não sabe como resolver os problemas.	Vê o esforço como um caminho para a excelência.
Inveja o sucesso dos outros.	Enfrenta os problemas com entusiasmo.
	Inspira-se no sucesso dos outros.

A LEI DA SELVA

Este é um exercício muito curioso. Ao entrarmos numa reunião (ou mesmo numa festa) e repararmos nas pessoas que lá estão, é fácil perceber rapidamente quem é o "rei da selva", isto é, quem é o "líder" daquele encontro. Essa liderança não tem de ser assumida – muitas vezes é mesmo algo muito natural e não verbalizado (pode nem ser percebida pelo próprio) –, mas é algo perceptível através de atitudes, como a forma de pegar no copo, o modo como conversa e se relaciona, como os outros interagem com ele, como o olham e admiram.

Vou dar o exemplo prático de uma campanha interna que fizemos na Galp e que está relacionada com uma mudança cultural: precisávamos entrevistar várias pessoas para dar a cara pela campanha. A primeira ideia da minha equipe foi perguntar aos Recursos Humanos quem seriam essas pessoas; mas, ao contrário do óbvio, o que fizemos foi penetrar na empresa para descobrir quem eram os "líderes naturais". Na refinaria, fomos falar com a secretária, que nos disse imediatamente quem eram as pessoas influentes, que os colegas ouviam e respeitavam – características que não se leem numa tabela dos Recursos Humanos.

Assim, numa próxima reunião ou festa em que se encontre, proponho que faça este exercício: seja homem ou mulher, os "reis da selva" reúnem sem esforço toda a gente em seu redor.

ELEFANTE EMOCIONAL *VS. RIDER* RACIONAL

Essa analogia ajuda a compreender melhor como funciona a luta interna que todos temos para controlar o nosso temperamento, conciliando o lado emocional com o racional: o lado emocional, representado pelo elefante, e o lado racional, representado pelo condutor do elefante, o *rider*. O elefante é irracional, movido pela emoção e pelo instinto, reagindo aos gatilhos emocionais; o condutor é racional, aquele que controla e observa o caminho que tem pela frente. À medida que os anos passam e nos vamos conhecendo melhor, conseguimos perceber a dinâmica das nossas emoções; é aí que o condutor do elefante decide se toma ou não as rédeas da situação. Imaginemos uma conversa que nos deixa desconfortáveis: começamos a suar nas mãos, todo o nosso corpo nos dá sinais de irritabilidade.

Temos duas opções: ou deixamos o elefante à solta, permitindo que as emoções venham – e nos descontrolamos –, ou decidimos que o condutor vai assumir a situação e mantemos a calma, intervindo conscientemente (pedindo, por exemplo, para terminar a conversa ou solicitando uns minutos, saindo da sala para nos acalmarmos).

É fundamental aprendermos a identificar as nossas emoções – os sinais do elefante – para nos controlarmos, para segurarmos as rédeas e não nos deixarmos dominar pelo ímpeto das reações emotivas.

O elefante é muito maior e mais pesado que o seu condutor, mas, se identificarmos as nossas emoções, os gatilhos que nos fazem explodir, conseguimos controlar o elefante e tomamos conta da situação.

Assim, proponho-lhe um exercício de autoconsciência: pense em situações que correram mal, em que você "explodiu", em que disse o que não queria, e tente perceber quem é que estava no controle: o elefante ou o condutor.

TEORIA DE RESISTÊNCIA À VERGONHA

Como já falei ao longo deste livro, o meu pai é militar, então fui criada com uma certa disciplina; isso, no entanto, não o impedia de ser também muito bem-disposto, brincalhão e divertido. Sempre brincou muito comigo e com os meus irmãos. Como era a única menina, os meus irmãos me faziam passar vergonhas enormes diante dos meus amigos, o que, quando nova, me fazia ser tímida e retraída. A vergonha é uma emoção poderosa, que pode ter efeitos muito fortes.

Todos nós, em determinado momento, já sentimos vergonha. É algo natural e, diria eu, garantido – vamos passar por momentos desses, quer queiramos, quer não; no entanto, temos de permanecer atentos para nos certificarmos de que esse medo de deixar uma impressão ruim não nos aprisione, não nos condicione. Mesmo que não possamos eliminar totalmente o sentimento de constrangimento, podemos nos tornar mais resistentes, libertar-nos e impedir que isso nos domine por completo.

Quando estava na Emirec e comecei a trabalhar com o McDonald's como cliente, tive de ir uma semana trabalhar para um restaurante. Trabalhar mesmo – limpar os banheiros, as fritadeiras, atender ao balcão. Nenhuma função ficou de fora. Para comunicar bem o McDonald's, a empresa queria assegurar-se de que o responsável pela conta conhecia a fundo os seus processos. Durante essa experiência, num dos dias em que estava como caixa, apareceu um ex-colega da faculdade que tive de atender. Quando o vi, tive imensa vergonha, e comecei a explicar-lhe todo o contexto, criando uma fila interminável. Ao chegar em casa nesse dia, questionei-me sobre a minha reação, mas sem chegar a uma conclusão.

Anos mais tarde, quando entrei na Galp, recordei aquela experiência e decidi fazer o mesmo. Como queria conhecer bem a empresa, pedi para ir trabalhar uns dias para uma área de serviço. A experiência não correu como eu tinha desejado, visto que, ao fim de umas horas, os funcionários já sabiam quem eu era, tratando-me de modo diferente. Mesmo assim, depois de uma semana atendendo clientes, fiquei com ainda mais respeito pela equipe da GalpGest. Por que estou compartilhando essa história? Porque sempre que alguém conhecido entrou no lugar, senti vergonha e a mesma necessidade de me justificar. Tinham-se passado muitos anos desde a experiência no McDonald's, mas me senti e agi da mesma maneira.

É muito importante desprendermo-nos do julgamento dos outros e desafiarmos os nossos pensamentos, enfrentando o que nos faz ter vergonha. Seja o que for.

No meu caso, descobri no decorrer de um curso de comunicação consciente que tenho a síndrome da "coitadinha". O julgamento dos outros me incomoda. Apavora-me que as pessoas tenham pena de mim, que me considerem infeliz nas minhas escolhas.

Quando comecei a falar inglês nas aulas, tinha imensa vergonha, porque receava que os meus colegas e professores achassem que eu falava mal – o que me levava a intervir muito pouco. Fiz esse sentimento passar inscrevendo-me num curso intensivo de inglês. Mais confiante, perdi o medo e libertei-me. Com tempo, maturidade e prática, tudo se torna mais fácil.

FOCO NO PROCESSO, NÃO NO RESULTADO (*BABY STEPS*)

Os chamados *baby steps*, ou "pequenos passos", ajudam-nos a desmontar as situações, de maneira que a dimensão que têm se torne menos assustadora.

Um exemplo muito simples: quero redecorar a minha casa – um projeto enorme, difícil de mensurar; no entanto, se decidir trabalhar primeiro a cozinha, começando pelos armários, mais precisamente pelos puxadores, e encerrar esse tópico, vou me sentir muito bem, visto já ter concluído uma etapa. Depois, mais confiante e otimista, escolho as portas dos armários

– e, quando terminar, vou mais uma vez ter a sensação de estar no caminho certo até a conclusão do projeto como um todo.

Ao partir o projeto em partes, em vez de estar constantemente com o sentimento de que falta muito para terminá-lo, tenho o prazer das pequenas vitórias que vou conquistando ao longo do processo. É algo que devemos ter sempre conosco: não há objetivo nenhum que não consigamos concretizar; a única coisa de que precisamos é "desconstruir" o caminho até chegar lá.

Tento incutir esse processo mental às minhas equipes, para que não se sintam engolidas pela enorme dimensão dos projetos que temos em mãos.

Vou contar uma situação que me aconteceu, mais uma vez na Siemens. Quando entrei, pediram-me para desenhar, com dois anos de antecedência, a comemoração dos cem anos da empresa em Portugal. Era um programa de comunicação gigantesco, um projeto com inúmeras variáveis, desde ações corporativas a eventos, brindes, livros, uma campanha publicitária... enfim, um mundo de atividades e situações para marcar o aniversário.

Juntamos os melhores parceiros para nos ajudar no processo, mas a única maneira de gerir a equipe foi dividir todo o plano e atribuir um responsável a cada item: o livro dos cem anos, a campanha publicitária, o *merchandising*, o evento de gala no Teatro São Carlos e por aí em diante... de modo que nenhuma área ficasse por definir. Quando se planeja a gestão de tantas ações, é crucial manter a equipe motivada e cada elemento orientado para a sua tarefa.

Foi um trabalho de planejamento de dois anos, com todas as nuances que a gestão de pessoas acarreta, mas quando as coisas começaram a concretizar-se, foi incrível.

Ainda assim, mesmo com tudo planejado e estudado ao ínfimo detalhe aconteceram imprevistos.

No dia da festa – o evento de gala –, estando presentes convidados como o presidente da República e o primeiro-ministro, enquanto eu assistia à montagem de uma tenda transparente em frente ao Teatro São Carlos, ligaram-me para informar que tinha um caminhão de mercadorias na porta da Siemens, na Amadora, impedindo a passagem dos carros, e que o condutor garantia que a mercadoria era para mim.

Eram milhares de livros que iriam ser distribuídos naquela noite, no evento.

Ainda estava pensando em como resolver esse problema quando, minutos depois, me ligaram dizendo que o cabeleireiro que ia pentear e maquiar as assistentes do evento tinha tido um AVC. E, imediatamente em seguida, começou a chover, enchendo a cobertura da tenda (e os fornecedores me alertando para a possibilidade de esta arrebentar com o peso da água da chuva).

Compartilho essas histórias para que todos tenham consciência de que os imprevistos acontecem; nem tudo vai correr como o planejado, vão surgir problemas – mesmo quando tudo foi feito e planejado nos mínimos detalhes –, mas o importante é não entrar em pânico e reagir com calma e de maneira objetiva, resolvendo um problema de cada vez, disponibilizando os melhores recursos para tal.

Para desbloquear o problema dos livros, perguntei quem da minha equipe conhecia melhor os seguranças, de modo a dar autorização ao caminhão para entrar; para contratar um cabeleireiro no próprio dia, escolhi a pessoa mais vaidosa da minha equipe e pedi-lhe que, dos seus contatos, garantisse um profissional competente para a hora estabelecida; e resolvi eu própria o problema da tenda com os fornecedores. O importante é olhar para cada problema de modo individual e resolvê-los um a um.

SHOT DE ENERGIA
Seja qual for o problema que tenha em mãos, pegue um papel e anote as várias etapas que precisa desenvolver; à frente de cada uma, escreva que tarefas têm de ser cumpridas. No final, vai sentir que controla muito melhor o assunto.

FOCAR E (NÃO) DESVIAR

É preciso saber muito bem o que se pretende, não perder de vista esse objetivo e conseguir ter a flexibilidade para mudar de rota, se necessário. Mais uma vez, vou dar um exemplo que para mim foi uma enorme lição. Quando entrei para uma das empresas na qual trabalhei, um dos meus primeiros projetos foi o desenvolvimento de seu Relatório & Contas. Era uma tarefa de grande responsabilidade, com muito conteúdo, extremamente complexo, e que implicava contatar todas as áreas de negócio. Interiorizei que tinha em mãos um dos projetos mais importantes da empresa e que seria determinante para a forma como olhariam para mim e para as minhas competências.

Na mesma época, o CEO da empresa me pediu que organizasse uma festa com *stakeholders*. Naquela ocasião, até me senti um pouco ofendida – para mim, a prioridade era o monumental Relatório & Contas; mas depois decidi encarar a festa como um acontecimento estratégico corporativo e segui em frente. E foi a melhor decisão que podia ter tomado.

O evento foi um enorme sucesso (dois ou três anos depois ainda se falava da festa). O mais curioso é que, hoje em dia, tenho consciência de que a maneira como organizei aquele evento fez mais pela minha imagem na empresa que o tal Relatório & Contas que eu considerava ser a coisa mais importante que podiam ter me pedido.

O meu ponto é: temos de focar o que é importante. O que era importante para mim, que estava chegando na empresa? Eu queria me integrar e ser reconhecida, e a festa serviu para isso de modo muito eficiente.

Focar o objetivo final é olhar para as oportunidades trazidas pelas situações – muitas delas inesperadas, mas que podem fazer mais por nós e pela nossa carreira do que poderíamos prever.

É comum ficarmos presos ao nosso primeiro objetivo e não termos a capacidade de perceber que os demais não compartilham da mesma preocupação primária; isso nos limita e, enquanto teimamos na nossa cabeça, não nos integramos nem crescemos.

SHOT DE ENERGIA

Quais são os seus principais objetivos nesta fase da sua vida? Escreva os três mais importantes e coloque-os num local visível para não os perder de vista.

ESQUECER O PERFECCIONISMO E PRESTAR ATENÇÃO ÀS COISAS CERTAS

Por mais perfeccionista que uma pessoa possa ser, é preciso aceitar que não consegue ser sempre perfeita. É humanamente impossível fazer tudo sempre bem. Há uma tendência natural para (principalmente, nós, mulheres) querermos fazer tudo bem, estarmos disponíveis para tudo e todos, mas é preciso aceitar que, em alguns momentos, algo não sairá tão bem.

Em tempo, li uma situação que ficou em minha memória: foi pedido a dois profissionais, com o mesmo nível de função, que, paralelamente com a gestão habitual do seu trabalho, fizessem uma exposição sobre como aumentar a oferta da empresa. Um quase não dormiu para abraçar as duas funções, ao passo que o outro parecia confortável com a situação.

O que é que os distingue? O primeiro aceitou o desafio da nova ideia como um acréscimo de trabalho às suas funções; o outro encarou a proposta como uma oportunidade única de brilhar, focando toda a sua atenção nesse projeto e limitando as suas tarefas habituais ao mínimo indispensável. Para este colaborador, a apresentação ia fazer muito mais pela sua carreira do que todo o trabalho que fizesse na sua função atual, por mais fantástico que fosse. Ele percebeu que não podia ser bom nas duas tarefas ao mesmo tempo – e fez uma escolha. É inevitável que, quando escolhemos, abandonemos alguma coisa.

Podemos escolher no que é que vamos apostar, certos de que vivemos rodeados de estímulos e desafios, ou aceitar que é impossível fazermos tudo de maneira perfeita – e vivermos confortáveis com isso. Se assim não for, vamos criar inúmeros sentimentos de culpa – e viver com a sensação de que estamos sempre falhando em alguma coisa.

É crucial aceitar que se está fazendo o melhor que se consegue, com a determinação de que amanhã poderá ser melhor.

FAKE IT TILL YOU MAKE IT

Muitas vezes, nos sentimos desconfortáveis com o nosso papel, com aquilo que nos estão pedindo para fazer. O meu truque é agir!

Vamos supor que nos dão um determinado desafio, para o qual, intimamente, achamos que não estamos preparados. O que fazemos? Recusamos? Recuamos? Nesses casos, *fake it till you make it*, ou seja, desempenhe um papel – "fingir" – e vá aprendendo até ser conseguir desempenhá-lo. Se agirmos como se tivéssemos a experiência e as competências necessárias, acabaremos nos sentindo mais confortáveis com o tema, dando o nosso melhor até conseguirmos de fato.

Esse é mais um ponto em que homens e mulheres agem de modo muito distinto. Se surge uma oportunidade de promoção, por exemplo, nós, mulheres, somos tendencialmente mais críticas com a gente; duvidamos mais das nossas capacidades e hesitamos quando não nos sentimos completamente preparadas. Os homens são o oposto: dizem logo que sim, se é o que pretendem, *fake it till they make it*, e depois se preparam, o que faz com que avancem mais depressa e com muito mais confiança.

Não podemos deixar que a nossa autoestima e os nossos receios (e aqui entra, uma vez mais, o medo de falhar) sejam impeditivos de avançar e de dar os saltos que queremos.

Já me referi nestas páginas aos encontros dos gestores de Comunicação de toda a Europa da Siemens, fantásticos em todos os níveis, principalmente porque nos davam um "banho de mundo". Nos primeiros anos em que participei, ficava um pouco constrangida quando olhava para o que era feito em âmbito mundial, numa escala totalmente diferente, e sentia-me sempre muito distante deles. Ficava tão assoberbada com o que via e ouvia que mal participava, achando que tinha pouco a acrescentar, em comparação com os meus colegas.

Passados alguns anos, e com a presença de novos membros nesses encontros, recém-chegados à organização, comecei a ganhar confiança, principalmente à medida que vinham falar comigo para ouvir a minha experiência e conhecer o trabalho desenvolvido em Portugal. Aos poucos, explicando, partilhando a minha experiência e ensinando, comecei a me sentir mais confortável.

Quando ensinamos, aprendemos.

Vou dar mais um exemplo prático: imagine a pessoa A, que ainda não sabe nadar muito bem, mas que está aprendendo. Se uma outra pessoa B, que não sabe nadar nem um pouco, lhe pedir que a ensine, a pessoa A vai assumir o papel de professor e ensinar o pouco que sabe para pessoa B; ao explicar e exemplificar, acaba por organizar as ideias que tem, consolidando o seu conhecimento e ajudando a desenvolver a sua própria técnica. Ao ensinar, se aprende – acredito que isso se aplica em tudo na nossa vida, principalmente em âmbito profissional.

Quando começamos a trabalhar, sentimos alguma insegurança, mas, à medida que vamos ganhando experiência e aprendendo, ganhamos um novo impulso e assumimos o papel de professor sempre que entram novas pessoas, que conhecem menos do que nós e que contam com a nossa ajuda para aprender.

Outro exemplo que posso compartilhar está relacionado com o meu trabalho. Sou uma pessoa comunicativa, mas não extrovertida, e nos primeiros anos de carreira, sempre que ia a encontros ou conferências, odiava os intervalos. Recordo-me perfeitamente das primeiras conferências a que fui: sentia-me um pouco perdida por estar sozinha nas pausas para café, já que não conhecia ninguém. Era exatamente nessas pausas que eu podia conhecer pessoas novas, mas, no início, tímida como era, fechava-me no banheiro e só saía de lá para voltar para a sala de conferências.

Tinha dado o primeiro passo, que era assistir às conferências, mas não estava estabelecendo contatos, a principal razão para lá estar. Decidi mudar de estratégia: *fake it till you make it*. Enfrentei o medo e a vergonha de me sentir sozinha, e a verdade é que não foi assim tão difícil começar a conversar com outras pessoas (estávamos todos ali em torno de um mesmo tema, então tínhamos esse interesse comum). Mais: descobri que, regra geral, os outros ficam muito agradecidos por alguém iniciar uma conversa.

> **Um bom plano: levantar-se de manhã e ser a pessoa que queremos ser. *Fake it till you make it*.**

PRATICAR A GRATIDÃO

É muito importante cultivarmos o hábito de darmos graças pelas coisas boas do nosso dia, mas também agradecermos aos que nos rodeiam, nomeadamente, às nossas equipes pelo esforço e pelo bom trabalho que fazem. Isso cria empatia e valoriza o outro, mostra que reparamos na sua dedicação, que estamos gratos pelo seu trabalho.

Muitas vezes, na correria do dia a dia, aceleramos e não paramos para praticar a gratidão, mas devemos fazê-lo. Por nós, num exercício de reflexão, mas também pelos outros à nossa volta, por aqueles que nos ajudam a alcançar os nossos objetivos e por quem nos traz felicidade no dia a dia.

A gratidão pode e deve ser praticada. Como um hábito, quanto mais se pratica mais se enraíza na nossa rotina e no nosso cotidiano. Praticar gratidão não é mais do que estar atento aos sinais – para si e para com os outros. Quando comecei a pensar nesses temas, confesso que fiquei mais atenta ao assunto e assumi o compromisso de me esforçar nesse sentido. No entanto, só dei valor a essa prática num determinado dia em que estava na fila do supermercado, perto da minha casa, meio distraída, quando percebi que a pessoa à minha frente na fila não ia embora e estava demorando mais tempo que o previsto. Era uma senhora já com bastante idade, de classe média-baixa, que tinha dois ou três itens para pagar. A idosa começou uma conversa sobre o gato que tinha morrido e a saudade que sentia; a caixa olhou-a nos olhos, deu-lhe a mão e disse "sinto muito. São sempre situações difíceis", enquanto registrava os itens. Ajudou a senhora a fazer o pagamento, continuando a dar-lhe apoio moral. Foi empática, profissional, eficiente e até carinhosa. Quando chegou a minha vez, decidi reconhecer o seu trabalho: "Parabéns pelo que acabou de fazer. Muito obrigada pelo cuidado que teve com aquela senhora". A caixa ficou atrapalhada, calada e baixou os olhos, envergonhada. Eu saí do supermercado sentindo que tinha contribuído de maneira positiva para o dia daquela funcionária.

É importante agradecer aos outros e a nós próprios também. É fundamental que tenhamos consciência de que as coisas nem sempre saem bem, mas temos de dar graças pelo bem que nos acontece. Essa é uma boa prática que devemos promover nos âmbitos pessoal e profissional.

Quanto mais fizermos, mais se torna um hábito – e é fácil: antes de dormir, pense nos momentos felizes do dia; ao regressar de férias, identifique mentalmente as três melhores coisas que aconteceram...

É importante reconhecer os aspectos mais positivos e agradecer por elas terem acontecido.

> **SHOT DE ENERGIA**
> Ao jantar, pergunte à sua família qual o momento alto do dia de cada um. Vai ser um diálogo de coisas positivas!

No fim da semana, no início de uma reunião, pergunte à equipe o que aconteceu de melhor nos últimos dias. Qual o motivo de maior orgulho/gratidão? É um modo fácil de parar (importante!) e de orientarmos a atenção das nossas pessoas para as interações positivas da execução do seu trabalho.

A DIFERENÇA ESTÁ NOS DETALHES

Para mim, a coerência é muito importante. Não adianta uma pessoa dizer que quer ser sustentável, deixar de usar plástico e começar a fazer reciclagem para depois usar o carro para percorrer quinhentos metros. Parece um detalhe, mas os detalhes fazem a diferença.

Por exemplo, ao prepararmos uma apresentação em PowerPoint, é fundamental garantirmos que não tem erros ortográficos; se adicionamos uma imagem, precisa ter qualidade; quando enviamos um e-mail, tem de ir bem escrito, sem erros, objetivo e conciso; ao fazermos uma tradução, devemos dá-la a outra pessoa para revisar... Ou seja: não basta fazer – há de se fazer bem, dando atenção aos detalhes, mas que fazem toda a diferença, influenciando o modo como as outras pessoas nos veem.

Não sei se tem relação com o meu lado perfeccionista, mas eu sou extremamente atenta aos detalhes. Por exemplo, nos eventos que a minha equipe organiza, gosto sempre de ter uma pessoa que fica responsável pelos detalhes. Qual é a sua função? Preocupar-se com pormenores, tão alheios ao seu trabalho como o cheiro do banheiro, garantir que há um creme para as mãos junto aos lavatórios das mulheres ou que nenhum convidado fique à espera de uma bebida porque o empregado está distraído.

São elementos fundamentais? Não, motivo pelo qual as empresas não os incluem nos orçamentos, porque custam e os responsáveis nem sempre percebem a mais-valia desses pequenos pormenores. No entanto, são detalhes que fazem a diferença, mostram que alguém se preocupou em dar as boas-vindas, que aquela pessoa é importante e querida. São detalhes, sim, mas que fazem a diferença na experiência como um todo. São os pormenores que garantem que a experiência é memorável.

Fui, certa vez, a uma conferência de Recursos Humanos na Alemanha, com mais de uma centena de pessoas. A anfitriã era Denice Kronau (que já mencionei neste livro). Fiquei impressionadíssima com como Denice organizou aquele encontro: estava na entrada para receber pessoalmente os convidados e, sendo impossível cumprimentar todo mundo, assegurou-se de que cada um recebia um postal escrito por ela à mão assim que chegava. Cada postal era único e personalizado.

Nunca me esqueci dessa situação, que na época me mostrou que a anfitriã do evento tinha pensado em mim ao dedicar-me umas palavras tão simpáticas. Esses gestos marcam, fazem a diferença.

O mais curioso é que, apesar de eu ter vivido essa experiência positiva, nem sempre a reproduzi, o que revela o modo como nos deixamos engolir pelo frenesi do dia a dia e nos esquecemos das boas práticas. Sabemos a teoria, mas nem sempre a aplicamos.

Todos os anos, na Galp, o meu departamento enviava um postal de Natal, assinado por mim e pela minha equipe, com uma pequena oferta interna – um brinde novo – para alguns parceiros (cerca de duzentos). Eram iguais para todos – era mais rápido e eficiente. Certa vez, um dos gestores de alta hierarquia da empresa cruzou comigo e, em tom de brincadeira, disse que tinha gostado muito da minha mensagem "personalizada". Lembrei-me imediatamente da Denice e percebi o erro que tinha cometido. Não voltei a repeti-lo.

Não escrevia uma mensagem personalizada para cada uma das duzentas pessoas da Galp, mas personalizava os postais com mensagens distintas para os diferentes setores, escritos à mão pela minha assistente e assinados por mim. No caso dos meus pares e Comissão Executiva, passei a escrevê-los eu mesma e a inserir uns apontamentos pessoais ou até uma brincadeira relativa a algo que nos tivesse acontecido.

A verdade é que, desde que alterei os postais de Natal, comecei a ter muitas respostas, também personalizadas, de agradecimento, o que anteriormente não acontecia. Esse pequeno detalhe teve impacto. Voltamos ao início: não basta fazer – há que se fazer bem.

E acredite, dá menos trabalho fazer bem do que fazer mal. Partindo do pressuposto de que é preciso fazer, mais vale fazer bem logo à primeira, do que fazer mal e ter de refazer. Dá muito mais trabalho e ocupa o triplo do tempo.

FAZER O QUE NÃO É NECESSÁRIO

Há uns tempos, fiz um curso da Singularity University, e uma das áreas de gestão que trabalhamos foi a importância de transmitir bem as mensagens. Uma das lições que apreendi – e que incuto nos que trabalham comigo – é: fazer o que não é necessário (*do the unnecessary*).

Fazer o básico é a nossa obrigação, mas há coisas que ninguém nos pede, que não fazem parte das funções ou dos objetivos que temos de cumprir; mas a verdade é que, se as fizermos, o retorno será enorme: marcamos a diferença.

Cada vez mais acredito que temos de fazer o que não é necessário para marcarmos a diferença e nos destacarmos da concorrência – porque aquilo que faz parte das funções todos fazem.

É certo que, quando se olha para um orçamento, que tem limites, geralmente esses desnecessários são os que caem mais facilmente, mas eu acredito que, por vezes, é preferível não adjudicar tanto outros itens para garantir que podemos fazer alguma "brincadeira desnecessária".

O exemplo que me ocorre sempre foi uma ação da Fidelidade: "A Fidelidade continua" era o conceito criativo de uma campanha institucional da seguradora, que pretendia reforçar a sua proximidade com os clientes. A campanha esteve presente na televisão, no rádio, na imprensa, no cinema, on-line e off-line, bem como nos pontos de venda Fidelidade, além de, simultaneamente à campanha multimeios, terem feito uma ativação interna, oferecendo a todos os seus colaboradores e parceiros os sapatos esportivos que apareciam no filme publicitário. Na ocasião, quando vi, achei uma loucura, não só pelo dinheiro gasto em milhares de pares de sapatos, mas, acima de tudo, pela logística que uma ação dessas pressupõe (por exemplo, é preciso levantar junto de cada um dos colaboradores qual o número que calçam); mas a verdade é que, um ano depois da campanha, vi no noticiário a cobertura de uma conferência da Fidelidade. Uma ação megalomaníaca, no Altice Arena, enorme, bem produzida – e, de repente, todos os participantes usavam os tênis brancos. A mancha que os sapatos brancos compunha na plateia era inacreditável: do administrador ao funcionário menos credenciado, todos estavam usando! O espírito de união, de pertencimento e de grupo que aquela ação tinha criado era gigantesco.

Passei a refletir novamente sobre essa ideia de fazer o desnecessário – uma vez mais, revelava-se que era a maneira de nos distinguirmos, sempre.

A oferta dos sapatos a todos os colaboradores e parceiros não era necessária e teve garantidamente um peso no orçamento; mas, apesar de não saber os números, acredito que o retorno terá sido muito maior que o investimento. É um desnecessário que faz a diferença.

Quando entrei na Galp, tive um pequeno capricho. Estava começando a moda vintage e, ao planejarmos os diversos projetos do ano, lembrei-me de fazer uma camisa com o logotipo antigo da Galp, com um ar já gasto, mas que recordasse às pessoas o orgulho nacional na marca. Enquanto discutia a ideia com a minha equipe, notei que o ponto central da discordância era acrescentar mais um item aos projetos, mais trabalho para somar ao todo que já tinha de ser feito, além de que muitos dos membros da equipe não percebiam sequer para que é que serviria a camisa ou quando é que seria usada.

Insisti e acabamos por fazer as camisas. Até hoje, são um marco. Acabamos por fazer uma edição especial com a *Vogue* e a camisa vintage da Galp se tornou um produto.

Funcionou para relembrar a portugalidade da marca, a carga emocional dos portugueses com ela, e, internamente, para impulsionar o espírito de pertencimento. Não era necessário ter produzido aquela camisa, é claro, mas ainda bem que o fizemos, porque é uma mais-valia – pode ser comprada em determinadas lojas Galp até os dias de hoje.

A IMPORTÂNCIA DO *NETWORKING*

É importante que os outros nos reconheçam. Estar presente, ir conhecendo pessoas e reunindo contatos que poderão abrir portas no presente e no futuro.

Comecei a entender melhor a importância do tema quando já tinha uns anos de trabalho e uma boa rede de contatos.

No início da minha vida profissional, quando, por meio de um colega da faculdade, soube de uma vaga de emprego, foi algo tão natural que nem me dei conta, mas já era a minha rede funcionando, e foi graças a ele que consegui mudar de trabalho.

É obrigatório tratar bem as pessoas, não só por uma questão de gentileza, educação e respeito, mas também porque nunca sabemos o dia de amanhã. É crucial mantermos boas relações com todos, porque isso abre portas.

A vida dá mais voltas do que aquelas que imaginamos, e eu acredito que não há pessoas desinteressantes para se conhecer. Todas as pessoas têm importância e, de uma maneira ou de outra, todas acabam por ter um papel na nossa vida. O tempo acaba por nos mostrar que aquela pessoa, que conhecemos num momento irrelevante, pode, a dada altura, ser fulcral para nos ajudar a resolver determinada questão.

É muitíssimo importante alimentar as relações, ir mantendo os contatos, em vez de nos fecharmos no nosso mundo.

A rede de contatos começa de modo natural: com a nossa família, amigos e conhecidos; mais tarde, juntamos colegas de trabalho; depois, há maneiras mais premeditadas e orientadas, em que nos predispomos a participar em conferências, encontros e formações para conhecer novas pessoas. Nessas situações, há uma intenção, e apesar de nem sempre ser confortável no início, é muito importante para aumentar o nosso leque de conhecimentos.

Quando me dei conta da importância de uma boa rede de contatos, compreendi que teria de sair da minha zona de conforto, porque, no início da minha carreira, como sabem, eu era bastante tímida. No entanto, e apesar disso, depois de ter feito o curso de Psicologia de Sucesso, tive uma ideia que funcionou bem: decidi que, para aumentar a minha rede de contatos, iria a uma conferência por mês para conhecer pessoas.

Pode parecer assustador, mas esses ambientes têm um ar tão profissional que, desde que a abordagem ao outro esteja relacionada com o tema da conferência, não há problema nenhum em iniciar uma conversa. Trata-se de conversas simples, quase de circunstância, em que acabam com a troca de cartões de visita, mas o mais importante é que essas pessoas, tal como todas as outras que se vão cruzando conosco, podem vir a desempenhar papéis muito importantes no avanço da nossa carreira.

Há muitos anos, passei por uma situação com um jornalista de um canal de televisão, durante a qual ele estava há um bom tempo tentando me convencer de algo que não me cativava. Eram 20h, estava cansada, queria ir para casa, e eu não tinha interesse nenhum no que ele estava me dizendo, mas não queria ser indelicada e despachar a conversa. Assim, aguentei, com toda a calma, dando-lhe a atenção que queria. Trinta minutos depois, já com a orelha doendo, desligamos a chamada e eu só me perguntava por que razão não o tinha despachado antes. Convicta de que aquele telefonema era uma perda de tempo, não fui capaz de cortar a conversa porque sabia que, se desligasse, seria indelicada e poderia perder um contato. A verdade é que, mais tarde, esse mesmo jornalista mudou de atividade e já foi várias vezes muito útil para alguns desenvolvimentos profissionais.

Desengana-se quem pensa que os contatos só se fazem em conferências e ambientes empresariais. Onde quer que estejamos podemos, e devemos, aumentar a nossa rede de contatos. Há uns anos, fiz voluntariado na Ajuda de Berço, algo completamente fora do âmbito profissional. Conheci inúmeras pessoas fantásticas, e uma delas, um alto executivo, acabou por se tornar um bom parceiro profissional.

A rede de contatos é fundamental para progredirmos na carreira. São as pessoas com quem nos vamos relacionando ao longo da vida que nos vão abrindo ou fechando portas. Também aqui devemos lembrar de que, quando saímos, nunca devemos bater a porta – devemos procurar sair sempre da melhor maneira possível.

Eu uso muito a minha rede de contatos no meu dia a dia, porque é quase sempre muito mais simples e eficaz resolver determinados assuntos com pessoas que conhecemos e com quem mantemos boas relações.

Por isso, sempre que conhecemos alguém, devemos guardar e manter esse contato. As coisas mudaram desde que iniciei a minha vida profissional; comecei a guardar os cartões de visita das pessoas que conhecia nas conferências, que era uma ótima solução, mas hoje em dia não podemos nos esquecer de ferramentas como o LinkedIn e outras redes sociais, que podem ser bastante importantes e úteis.

Todos os contatos são importantes, e ninguém constrói uma carreira de sucesso sozinho. Um bom profissional também se define pela sua lista telefônica e pelos contatos que foi fazendo e mantendo ao longo da sua carreira.

DICAS PRÁTICAS DE *NETWORKING*
Plano de ação
- Planejar o evento de networking e definir objetivos.
- Ter duas listas: pessoas com quem se quer aprofundar relações; pessoas que se quer conhecer.
- Plano de ação: que relações vamos estabelecer ou aprofundar? Como? Em que momento?
- Atualizar o plano de ação: novos contatos e novos objetivos.

O que fazer no evento
- Evitar o lugar ruim: procurar localização perto do bar ou espaços abertos.

- Valorizar as filas: aproveitar a oportunidade – a maneira mais fácil de conhecer alguém é olhar para quem está atrás ou à nossa frente.
- Mapear a conversa:
  - Me fale sobre você!
  - Qual é a sua história?
  - Recentemente, trabalhou em algo interessante? De onde é que conhece o anfitrião?
  - Já tinha estado anteriormente num evento como este? Qual foi o ponto alto do seu dia/semana?
  - Esta é uma fase de muito trabalho?
- Linguagem corporal: ter atenção aos sinais que damos com o nosso corpo, assim como os que recebemos do nosso interlocutor (por exemplo, a inclinação da cabeça é uma linguagem corporal universal que significa "estou ouvindo").
- Seja um mestre dos cartões de visita: tenha os cartões à mão, nos dois bolsos.
- Mesas de comida: evitar as mesas com aperitivos (para não sermos pegos desprevenidos com comida na boca).
- Ajudar os outros: "posso ajudar?" é uma frase com efeitos duradouros.
- Mentor/mentorado: interagir com pessoas que atingiram os mesmos objetivos.
- Influenciar: o poder do toque; o toque é das ferramentas mais eficazes e menos usadas.
- Saiba sair de cena: é preciso saber como nos despedir; não podemos nos esquecer de uma máxima: a nossa saída é tão forte quanto a primeira impressão:

Aqui está meu cartão de visita. Muito prazer em conhecê-lo.
Foi ótimo conversar com você. Com certeza vou _____ (dar continuidade ao tema mencionado).
Boa sorte com o seu projeto _____.
Gostei muito de falar com você. Depois envio-lhe um e-mail. Vou buscar uma bebida. Foi um prazer. Estou muito satisfeito por termos nos conhecido. Obrigado por compartilhar a sua história comigo. Vou cumprimentar o anfitrião. Gostei muito de falar com você.
- Continuidade: sem dar continuidade não há resultados. Mantenha a regra das 48 horas (não deixar passar mais de dois dias para responder a alguém) e a regularidade de contatos.

NADA NEM NINGUÉM PASSA NA NOSSA VIDA POR ACASO

Quando começamos a trabalhar, não temos a percepção de que nada na nossa vida acontece por acaso, mas à medida que vamos ganhando experiência, vivendo mais situações, boas e ruins, mais ou menos divertidas, começamos a ter a noção de que temos de tratar sempre – mas sempre! – bem o outro, porque todos se cruzam e voltam a cruzar conosco.

A primeira vez que trabalhei foi aos quinze anos. Eu queria ganhar dinheiro para as férias e fui trabalhar como estagiária numa agência de viagens que ficava no prédio onde os meus pais viviam. Não tinha moto, mas deslocava-me de carro e ia buscar e levar o que fosse necessário. Foram muito simpáticos comigo e, no fundo, quando aceitaram que eu lhes fizesse uns bicos em troca de algum dinheiro (e só percebi isso mais tarde), estavam me fazendo um favor, apesar de eu achar que estava tendo a minha primeira experiência profissional.

Não acabou muito bem porque, certa vez, entregaram-me uns cheques para que eu fosse depositar no banco. Guardei-os numa pasta e fui de carro, num dia de verão muito quente. Quando cheguei ao banco e ao ar-condicionado, constatei que dois ou três cheques tinham caído da pasta. Fiquei muito preocupada, perguntei nos achados e perdidos da Carris, mas os cheques não apareceram. Fui com a minha mãe explicar o que tinha acontecido e nos disponibilizamos de imediato a pagar o montante dos cheques perdidos. Os donos da agência foram muito corretos e simpáticos comigo. Alguns anos mais tarde, quando fui trabalhar para a Emirec, tivemos uma marca de automóvel como cliente, como já compartilhei com os leitores – o CEO da marca era o marido da dona da agência de viagens onde eu tinha trabalhado quando jovem. Na primeira reunião que tivemos, na qual eu participei provavelmente apenas para escrever a ata, o CEO me reconheceu e, a partir daí, criou-se uma relação muito mais fácil.

Mesmo quando as experiências não correm como desejaríamos, como foi o caso da perda dos cheques, desde que tenhamos a atitude certa, elas acabam capitalizando-se em coisas positivas.

Como já falei aqui, por mais que não seja por uma questão de cidadania, educação e respeito, todos à nossa volta devem ser tratados com reverência e gentileza, mas no mundo profissional esse cuidado deve ser ainda maior. Não devemos ser vingativos, rudes ou bater a porta, mesmo que tenhamos motivos. Vale mais respirar fundo e assobiar para o lado, não deixando que as más energias nos afetem e minem tudo à nossa volta.

A ideia de que a vida funciona como um ciclo, de que as coisas vão e vêm, está sempre muito presente na minha cabeça. Tudo se torna relativo. E, no final, tudo acaba ficando bem.

> "É A FORMA COMO OLHAMOS PARA AS COISAS QUE DEFINE COMO VAMOS ENFRENTÁ-LAS. SE FICARMOS PRESOS AOS OBSTÁCULOS, NUNCA VAMOS CONSEGUIR NOS SUPERAR."

CAPÍTULO 13
A VIDA É UMA RODA-VIVA

Há uns anos, decidi ter aulas de conversação de inglês para melhorar a minha pronúncia e vencer a vergonha – como já comentei em uns capítulos atrás. O meu professor – Bryan – era um senhor já de bastante idade, nascido no Zimbábue (antiga Rodésia). As nossas aulas não tinham um programa concreto; andavam em torno da atualidade ou do compartilhamento de suas muitas histórias de vida. O Bryan era um lutador: além de dar aulas de inglês, dedicou-se a fazer um curso para ser coach. Nesse sentido, perguntou-me se eu aceitava que ele fosse testando algumas das técnicas comigo. Achei maravilhoso – além de fortalecer o meu inglês, ia aprendendo técnicas de desenvolvimento pessoal e ainda ajudando esse ser humano resiliente e lutador.

Um dia, o Bryan sugeriu-me um exercício chamado "Roda da Vida", uma das ferramentas de autoconhecimento mais usadas no desenvolvimento profissional e pessoal.

O objetivo desse exercício, criado nos anos 1060 pelo americano Paul J. Meyer e muito utilizado em sessões de coaching, é ser uma ajuda prática para a criação de um panorama da nossa vida em determinado momento. Ao avaliarmos os vários aspectos que fazem parte da nossa vida, conseguimos detectar problemas, elencar prioridades e traçar objetivos futuros para atingirmos um melhor equilíbrio.

Olhando para Roda da Vida, classificamos, de 0 a 10, em que nível nos situamos em cada uma das vertentes.

RODA DA VIDA

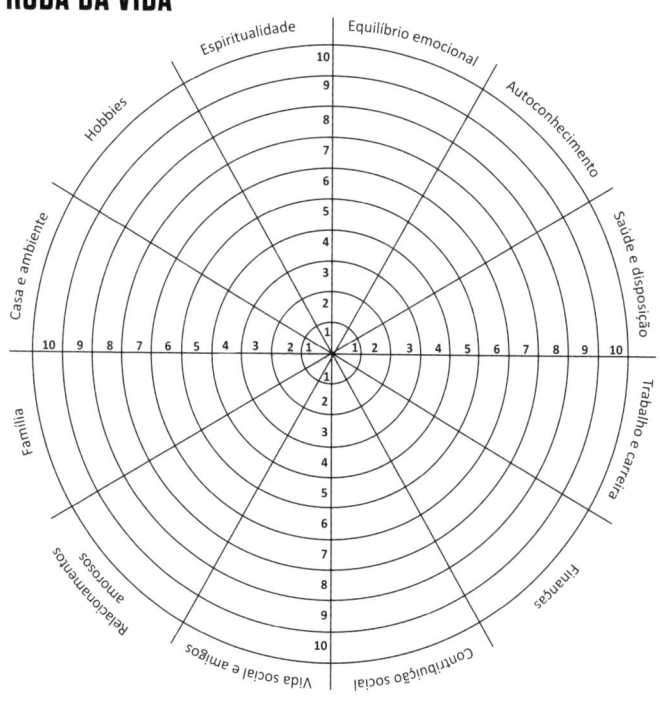

1º passo: categorias

Esse é um exemplo, mas o ideal é que cada um construa a sua própria Roda da Vida, desenhando um círculo em seis ou oito categorias importantes para si, como: Família, Carreira, Finanças, Saúde, Espiritualidade, Educação, Amigos, Cultura ou Amor.

Depois, marque uma escala de 0 (no centro) a 10 (na borda).

2º passo: pontuação

Com o círculo devidamente segmentado e identificado, é preciso refletir na atenção que tem dado a cada fatia, assinalando com um X no número correspondente – alinhado com o zero no centro e dez na borda circular, para facilitar a visualização. Assim, atribui-se uma nota a cada categoria indicando a prioridade que se tem dado no dia a dia.

O exercício começa com uma pergunta: como estou em cada um desses aspectos?

Na categoria "Vida social e amigos", por exemplo, pense: o tempo que passa com os amigos e fazendo as atividades que lhe dão prazer e o relaxam são suficientes? Se der muita importância à amizade e lhe atribuir um número baixo, significa que não está dando aos seus amigos e ao convívio social o tempo e a atenção que lhe acha devidos.

No campo "Trabalho e carreira", é importante avaliar se o que faz lhe traz satisfação e se se sente realizado. E por aí em diante.

Depois de pontuar cada categoria, é só ligar os pontos. O desenho final obtido é um panorama do momento que está vivendo.

3º passo: reflexão

Depois do desenho concluído, o objetivo é refletir (que aspectos gostaria que fossem diferentes) e traçar um plano de ações para encontrar o seu equilíbrio.

Um exercício curioso é fazer um outro círculo, assinalando o X no número que considera o ideal para se sentir bem e equilibrado, nas diferentes categorias. A diferença entre os dois desenhos – presente e desejado – mostra o trabalho a ser feito.

É um exercício simples, mas muito visual e poderoso para o autoconhecimento. Temos de nos conhecer bem para revermos as nossas prioridades, criarmos projetos nas diferentes categorias e traçarmos planos de ação exequíveis. Essa ferramenta nos ajuda a construir a mudança que queremos na nossa vida.

COACHING

O que é coaching?

A palavra coaching vem do inglês. Coach refere-se ao treinador, ao instrutor; ao passo que o verbo *to coach* significa "treinar", "preparar", "instruir". Dessa maneira, coaching refere-se ao processo em que um profissional orienta o treino de uma pessoa para que esta atinja determinados objetivos.

Nesse processo, um profissional certificado orienta um "cliente" através de técnicas e métodos, que podem estar voltados para o desenvolvimento pessoal ou profissional.

O conteúdo e a dinâmica das sessões dependem da etapa em que o "treino" se encontra.

Ao início, os encontros servem para que o coach conheça o seu "cliente" e também para que este conheça melhor a si próprio. Essa fase tem o nome de "autoconhecimento" e é a competência básica para todo o processo.

As primeiras sessões servem ainda para conhecerem o que motivou a pessoa a procurar orientação, que, a título de exemplo, pode estar relacionada com a evolução em determinado aspecto comportamental ou para ajudar a levar a cabo um projeto pessoal. A partir daí, os dois elaboram um plano de ação para que os objetivos sejam alcançados.

O coach transmite conhecimentos, técnicas e ferramentas ao seu "cliente", ao mesmo tempo que acompanha os resultados das sessões anteriores, passa e recebe avaliações.

É importante dizer que o coaching não se limita às sessões, já que são definidas tarefas que o "cliente" tem de cumprir, de modo a ir progredindo.

Essas sessões com o Bryan foram as minhas primeiras experiências com o tema do coaching. Tive a oportunidade de, nas empresas por onde passei, ter sempre um coach designado, que me ajudou (e muito) a desafiar-me e questionar-me em prol de um plano de ação muito concreto.

> "AO AVALIARMOS OS VÁRIOS ASPECTOS QUE FAZEM PARTE DA NOSSA VIDA, CONSEGUIMOS DETECTAR PROBLEMAS, ELENCAR PRIORIDADES E TRAÇAR OBJETIVOS FUTUROS PARA ATINGIRMOS UM MELHOR EQUILÍBRIO."

CAPÍTULO 14

A SUA MARCA

Como já citei, eu era – e, de certa forma, ainda sou, apesar de não parecer – uma pessoa reservada, mas, como queria fazer carreira na área da Comunicação, esforcei-me para aprender técnicas que me ajudassem a ser menos tímida e a estar mais à vontade para comunicar e falar com as pessoas – isto é, deixar a minha marca e entregar valor.

MARCA PESSOAL

Desde cedo, e sendo o Marketing e a Comunicação o meu mundo, ganhei a noção da importância que as percepções têm. É tão importante ser quanto parecer.

Assim, trabalho de modo muito consciente a minha marca profissional. Tenho uma imagem consistente de comunicadora nata, eloquente, determinada, enérgica e positiva, mantendo a consonância com as minhas personalidade e características. Em outras palavras, alimento a minha marca pessoal com regularidade.

Querendo ou não, todos nós temos uma marca. Ao expressar a nossa opinião, ao fazermos uma publicação no Facebook, Twitter, LinkedIn ou Instagram, estamos imediatamente estabelecendo-a. Isso porque, consciente ou inconscientemente, estamos sempre avaliando as pessoas ao nosso redor e, de certa maneira, as rotulando. Assim, quando se faz um desabafo numa rede social, publica um artigo ou uma fotografia, ou vai a uma conferência, a nossa marca vai sendo construída.

> **A nossa marca pessoal é aquilo que dizem sobre nós quando não estamos presentes.**
>
> – Jeff Bezos

Uma questão de atitude

Seja qual for a sua marca pessoal, não pode faltar atitude.

A nossa atitude é meio caminho andado para conseguirmos aquilo que pretendemos.

Há teorias várias que indicam que, ao falarmos com alguém, 80% daquilo que o outro retém é a forma como o fizemos sentir, 15% é a confiança com que falamos e apenas 5% é aquilo que efetivamente foi dito. Ao contrário do que poderíamos pensar, o peso daquilo que é dito (ou explanado numa apresentação de PowerPoint) é muito menor do que a forma e a atitude com que é feito.

Essa questão da atitude é extremamente importante – e mal uma pessoa toma consciência desse assunto, logo começa a tirar proveito.

Transpondo esse tema para uma dinâmica mais lúdica, é fácil reparar que a atitude com que se chega à porta de uma balada, onde está uma fila imensa para entrar, é determinante para se conseguir o que se quer: entrar. Ficar encolhida atrás de todo mundo não é uma boa estratégia; o melhor é ir falar com o segurança que está à porta e de maneira assertiva e inequívoca dizer quantos são e entrar.

Pode não funcionar? Claro que sim, mas faz parte da equação.

Uma atitude confiante é fundamental para atingirmos os objetivos a que nos propomos.

APRESENTAÇÕES EM PÚBLICO

Um dos maiores desafios em relação à nossa atitude, assim como um dos momentos mais assustadores para quem tem dificuldades de falar em público, são as apresentações.

O primeiro passo é perceber que cada apresentação é única. Eu sei, podemos pensar: *quem é que faz uma apresentação do zero sempre que precisa expor algo? É muito mais fácil usar um modelo já feito e adaptar, não é?* Mas alguém criou esse modelo com um propósito, com um objetivo e para um público específico, distinto do nosso. Sempre que tenho tempo, gosto de criar as minhas apresentações em PowerPoint do zero, preparando-as e adequando-as à minha mensagem. E não é só a apresentação que devemos adequar e ajustar ao projeto e ao público em questão, é também preciso adaptar o conteúdo. Temos de estar preparados para, se necessário, e *in loco*, mudar e alinhar o discurso com a plateia que temos à frente.

Recordo-me de, há muitos anos, ter ido fazer uma entrega de prêmios, no âmbito de um programa educativo tecnológico, o Apps for Good, que a Siemens apoiou. Tinha tudo preparado, pronto para ser exibido, mas, quando cheguei lá, deparei-me com uma assistência composta de crianças e pais. Pensei: *se fizer a apresentação que tenho planejada, eles vão morrer de tédio.* Em segundos, mudei o meu registo e adaptei o discurso para cativar a audiência. Comecei perguntando: "quem daqui conhece o Cristiano Ronaldo?". Foi a loucura e todos agitavam o braço no ar e gritavam: "eu! Eu!". Entusiasmada, porque estava conseguindo comunicar com o meu público, continuei: "quem é que quer ser o Cristiano Ronaldo da Matemática?". E as crianças gritavam entusiasmadas: "eu! Eu! Eu!". E foi assim que a minha apresentação fluiu.

Acabei dizendo tudo o que queria, mas não como tinha planejado – adaptei ao meu público. Se não tivesse ajustado à audiência, ignorando aquelas crianças e debitando a apresentação, não teria conseguido me comunicar. Reparo, demasiadas vezes, que quem está vendendo um projeto ou uma ideia não se adapta. Isso é um erro. É fundamental olharmos para quem está à nossa frente e perceber qual é a melhor maneira de comunicar.

O que é que eu quero transmitir? O que é que a audiência quer ouvir e como é que eu posso ser relevante para o meu público? Só combinando essas duas vertentes é que vamos conseguir passar a mensagem.

Sabemos que temos a capacidade de ler quem está à nossa frente; nos dá uma sensação incrível de poder. No entanto, para que essa sintonia aconteça, temos de nos desafiar e sair da nossa zona de conforto – só assim estaremos disponíveis e atentos ao outro.

Dito isso, sempre que tenho uma apresentação importante para fazer, ainda sinto uma certa ansiedade. É mais do que natural e ainda me acontece, apesar dos anos de carreira e da experiência que tenho, em que já perdi a conta das inúmeras apresentações que fiz.

Certa vez, há alguns anos, tinha uma apresentação extremamente importante para fazer, relativa a uma área muito técnica que não dominava tão bem, e estava tão nervosa e ansiosa que receava travar quando chegasse o momento. Em desespero, e por indicação de uma amiga, tomei um comprimido para a ansiedade. Realmente, tirou-me todos os sinais de nervosismo e deixou-me tão, mas tão à vontade que a apresentação pecou por ter sido demasiado informal.

Foi a primeira e última vez. As apresentações dão medo à maioria das pessoas, mas quanto mais praticarmos, mais à vontade ficaremos; além do mais, existem inúmeras técnicas e truques que nos ajudam a ganhar confiança.

Quando fazemos apresentações, usamos os *slides* que preparamos para nos ajudarem a expor a nossa ideia; mas o mais importante, o que devemos realmente preparar é a história que queremos contar. Se soubermos o que queremos dizer e usarmos apenas os *slides* como suporte – e não o contrário –, ficaremos mais confiantes.

Truques tão simples como respirar fundo são uma ajuda preciosa: respirar fundo durante um minuto, inspirando e expirando calmamente, tentando focar nesse instante, ajuda-nos a controlar a ansiedade (pessoalmente, uso essa técnica para me acalmar e me preparar para as apresentações).

Uma outra sugestão que aqui compartilho, e que me tem sido útil, é pensar que a apresentação já aconteceu e que estou simplesmente relatando o que se passou: correu muito bem, todos gostaram de me ouvir e até me deram os parabéns no final. No meu caso, isso me ajuda a ter uma atitude positiva e a ir com menos receio para a apresentação, como se já soubesse o que vai acontecer.

Mas não é só no âmbito profissional que falar em público é um desafio. Do que tenho observado, mesmo no âmbito pessoal, pode ser muito angustiante para a maioria das pessoas enfrentar uma plateia.

Recordo-me da festa dos 70 anos da minha mãe, em que convidamos toda a família e amigos. Correu tudo muito bem, mas quando chegou o momento de pegar no microfone para fazer um discurso, a minha mãe estava uma pilha de nervos – as mãos tremiam, a voz sumia. Ficou mesmo aflita.

Resumindo: é normal duvidarmos de nós e ficarmos nervosos; mas, felizmente, temos todas as ferramentas ao nosso alcance para isso deixar de ser, finalmente, um problema.

	10 FATOS SOBRE AS APRESENTAÇÕES (que devemos conhecer)
1	Falar em público é um dos maiores medos de todos os humanos.
2	Aquilo que agarra as pessoas é a história.
3	Se dedicarmos 70% do nosso tempo à escrita de um guia, a nossa apresentação será melhor.
4	Dois dias: o tempo que Steve Jobs levava para ensaiar as suas apresentações.
5	Se conseguirmos contar a nossa história em 10% do tempo que temos disponível, ESTAMOS PRONTOS!
6	Tempo de preparação de uma apresentação: 1 dia (60 min); 3 dias (15 min); 7 dias (10 min); 15 dias (5 min).
7	Há vinte vezes mais hipóteses de os fatos serem lembrados se fizerem parte de uma história.
8	Diante de imagens vívidas, as pessoas vão recordar 95% daquilo que ouviram e viram.
9	Níveis de atenção de um público 1 MIN 3 MIN 5 MIN 10 MIN
10	Os primeiros trinta segundos da nossa apresentação são decisivos.

Assim, antes de começar a preparar a sua próxima apresentação, pare e releia essa tabela.

CURSO BILL CLINTON

Tive a oportunidade de fazer um curso com Michael Sheehan, um guru americano, especialista em melhorar as capacidades de comunicação e discursos da Casa Branca, tendo trabalhado muito com o presidente Bill Clinton.

Ao começarmos o curso, uma das primeiras noções que o professor nos deu foi que fazer uma apresentação é como representar um papel. Eu sou relativamente conservadora, e fiquei um pouco cética quando percebi que os exercícios giravam em torno de sermos atores, exatamente como se estivéssemos representando em cima do palco. Tive de participar, como todos os outros, mas estava mesmo muito reticente e achando aqueles exercícios uma "americanada" sem sentido nenhum (houve até um momento em que nos foi pedido que transmitíssemos as nossas emoções sem usar palavras, e eu dei por mim no meio de um grupo de vinte pessoas chorando. Não foi nada fácil).

Reticente, mas ao mesmo tempo tentando fazer parte da dinâmica, fui observando e participando; e a verdade é que, ao fim dos dois dias de curso, percebi o sentido do que estávamos fazendo: na realidade, sempre que estamos falando com alguém, sempre que estamos fazendo uma apresentação, tudo o que dizemos, não dizemos ou fazemos conta: o modo como paramos os braços, como colocamos as mãos, o tom de voz, a expressão do rosto e a postura corporal são tão ou mais importantes do que a mensagem em si.

Tudo o que comunicamos de modo não verbal é absorvido pelo outro, e quando aumentamos a plateia ou quando nos tornamos alguém público, temos de ter ainda mais atenção à forma como comunicamos – tudo é exponenciado e analisado (razão pela qual os políticos, os apresentadores e os influenciadores de opinião têm de encarar o seu papel como alguém que está representando).

CONCLUSÃO

No exercício de juntar o material base para este livro, tive a oportunidade de revisitar as várias fases da minha vida profissional no detalhe: experiências, pessoas, ambientes, países, empresas, equipes, vivências, desgostos, surpresas. Tenho a ideia de que, no dia a dia, nos vamos esquecendo da riqueza do que nos trouxe até esse ponto. Focamos apenas as aprendizagens do curto prazo.

Ao ler o que escrevi, percebi que, mesmo não controlando sempre o rumo que as coisas tomaram, sempre tentei reagir com o máximo de energia positiva, isto é, focar aquilo que está ao meu alcance e, aí chegando, fazer tudo o que posso.

No fundo, as corporações são feitas de relações – e é necessária maestria para lidarmos não só com tantas pessoas diferentes como com nós mesmos.

Espero que o livro e a minha experiência possam, em alguma medida, ter ajudado você a conseguir manejar ainda melhor a sua carreira e seu crescimento profissional.

E não se esqueça: tenha orgulho do que já conquistou e fé no quão longe poderá chegar.

©2023, Pri Primavera Editorial Ltda.

©2023, by Joana Garoupa

Equipe editorial: Lu Magalhães, Larissa Caldin e Manu Dourado
Preparação: Larissa Caldin
Revisão: Marina Montrezol e Fernanda Guerriero Antunes
Projeto gráfico e diagramação: Manu Dourado
Capa: Nine Editorial

Dados Internacionais de Catalogação na Publicação (CIP)
Angelica Ilacqua CRB-8/7057

Garoupa, Joana
   Manual de sobrevivência para o mundo corporativo : um guia essência para todos que se aventuram na vida corporativa / Joana Garoupa. -- São Paulo : Primavera Editorial, 2023.
   284 p.

ISBN 978-85-5578-108-7

1. Desenvolvimento profissional 2. Negócios I. Título

23-0061   CDD 658.4

   Índices para catálogo sistemático:

   1. Desenvolvimento profissional

PRIMAVERA
EDITORIAL

Av. Queiroz Filho, 1560 - Torre Gaivota Sl. 109
05319-000 – São Paulo – SP
Telefone: (55) 11 3034-3925
(55) 11 99197-3552
www.primaveraeditorial.com
contato@primaveraeditorial.com

Todos os direitos reservados e protegidos pela lei 9.610 de 19/02/1998. Nenhuma parte desta obra poderá ser reproduzida ou transmitida por quaisquer meios, eletrônicos, mecânicos, fotográficos ou quaisquer outros, sem autorização prévia, por escrito, da editora.